Collection « Altérité critique »
dirigée par le collectif *Illusio* représenté par :
Camille Dal, Ronan David, Fabien Lebrun,
Nicolas Oblin et Patrick Vassort

Le sport contre la société, Clément Hamel, Simon Maillard et Patrick Vassort (dir.), 2011.

Deuils et héritages. Confrontations à la perte du proche, Nadia Veyrié (Préface de Roland Gori), 2012.

Sociologie du crime politique. L'être humain à l'époque de son inutilité, Wolgang Pohrt (Préface de Fabien Lebrun et Nicolas Oblin), 2013.

Des impostures sociologiques, Claude Javeau (Postface de Jean-Marie Brohm), 2014.

Kracauer l'exilé, Martin Jay (Préface de Patrick Vassort), 2014.

Visite dans l'Hadès. D'Auschwitz à Breslau, 1966 – Après « Holocauste », 1979, Günther Anders (Traduit et présenté par Christophe David), 2014.

Le Libéralisme, une cage de fer, Matthieu Douérin, 2015.

www.editionsbdl.com
33 310 Lormont
ISBN : 978-2-35687-432-0

Le mythe de la culture numérique

Du même auteur :

Contre le travail des enfants, Strasbourg, Desmaret, 2001.
Au travail les enfants !, Paris, Homnisphères, 2007.
OGM semences politiques, Homnisphères, 2008.
Toujours contre le travail, Aden, 2010.
Une poignée de riches, des milliards de pauvres, Paris, Syros, 2012.

Philippe Godard

Le mythe de la culture numérique

LE BORD DE L'EAU

Préface

Je n'ai jamais rencontré Philippe Godard. Je le regrette parce qu'il fait partie de ces rares auteurs dont j'apprécie sincèrement le travail. Contrairement à nombre de ses « confrères », Godard n'a que faire des modes éditoriales. Il n'écrit pas pour vendre mais pour nourrir. Ce gars-là aime les gens et par-dessous tout, il aime les gosses. Si vous en doutez une seule seconde, consultez sa bibliographie et penchez-vous sur le présent ouvrage. Alors que l'air du temps est à la glorification creuse d'un monde numérique forcément formidable, Godard nous pousse à réfléchir là où ça fait mal. Il nous confronte au réel, brutalement, sans circonvolutions ou autre souci du politiquement correct. Si vous cherchez un livre sympathique, une hagiographie bêlante à la gloire de nos enfants mutants, passez votre chemin. Vous obtiendrez ce genre de chose à la tonne chez n'importe quel éditeur obligeant, prêt à publier la première fiente venue pour peu que l'auteur soit marginalement connu et le message suffisamment compassé. Chez Godard vous trouverez l'absolu contraire de ces fragments insipides : de l'exigence, de la profondeur, des doutes et une vraie réflexion ancrée sur des faits explicitement documentés.

Car c'est la réalité de cet ouvrage : il est tout sauf divertissant. Ses fruits ne sont en rien donnés. Il faut pour extraire la moelle du texte se battre avec chaque mot. Il faut accepter de souffrir, de s'offusquer, de s'interroger et, ultimement, de se remettre en cause. Mais l'effort n'est pas vain tant on sort infiniment plus riche du chemin parcouru. On peut craindre, bien sûr, que ce texte ne soit lu que par la minorité la moins concernée ; par tous ces gens, ces parents qui se révèlent « déjà convaincus ». On peut craindre également que la bataille engagée ne ressemble au combat du « moucheron contre l'éléphant », pour reprendre l'expression de Sébastien Castellion, cet immense humaniste, cité au cœur du présent ouvrage, qui perdit sa vie, abandonné de tous, dans une querelle qu'il pressentait (lui aussi) perdue d'avance face au totalitarisme tyrannique de Jean Calvin, théologien enragé de la réforme. Déjà à l'époque il s'agissait, comme l'écrira Stéphane Zweig dans un texte mémorable, de combattre « la tentative d'uniformisation absolue de tout un peuple ».

Au centre de l'argumentaire brillamment développé par Godard se trouve l'affirmation selon laquelle ce n'est pas le numérique qui abrutit la masse amorphe. C'est au contraire l'abrutissement d'ores et déjà partiellement consommé de la multitude moutonnière qui a rendu possible l'invraisemblable pénétration, à des fins odieusement lénitives et mercantiles, d'outils numériques toujours plus destructeurs. Comment ne pas penser ici à ce poème d'Hugo plaignant le funeste troupeau, victime du « sombre accablement d'être en ne pensant pas. Ils s'appellent vulgus, plebs, la tourbe, la foule. Ils sont ce qui murmure, applaudit, siffle, coule, bat des mains, foule aux pieds, bâille, dit oui, dit non, n'a jamais de figure et n'a jamais de nom ; troupeau qui va, revient, juge, absout, délibère, détruit [...]. Ils sont les passants froids sans but, sans nœud, sans âge ; le bas du genre humain qui s'écroule en nuage ; ceux qu'on ne connaît pas, ceux qu'on ne compte pas, ceux qui perdent les mots, les volontés, les pas [...]. Ils n'ont du plein midi qu'un lointain crépuscule, car, jetant au hasard les cris, les voix, le bruit, ils errent près du bord sinistre de la nuit ». Comment ne pas penser également, au fil des mots du livre, à Condorcet, mathématicien prodigieux, homme d'État résolu, convaincu que la République n'avait d'avenir qu'aux mains d'un peuple instruit et éclairé.

Bien sûr, Godard n'est ni naïf ni jusqu'au-boutiste. Il reconnaît volontiers que le numérique porte en lui une potentialité didactique et culturelle majeure. Pourtant, notre homme prend soin de distinguer ce que la culture digitale pourrait être de ce qu'elle est vraiment. En d'autres termes, l'important n'est pas pour Godard de savoir comment les outils numériques pourraient être utilisés dans une sorte d'idéal théorique. L'important c'est de comprendre comment ils sont effectivement employés au quotidien et pour quoi faire. Partout, on nous vend le numérique comme un formidable instrument de démocratisation du savoir, de la culture et de l'information. L'ensemble de l'intelligence humaine serait là, à la portée de tous, attendant patiemment d'être déterrée d'un simple clic. Cette posture de principe, déjà employée avec fruit pour favoriser le développement de la télévision il y a cinquante ans, cache toutefois deux écueils fondamentaux. Premièrement, le savoir a toujours été disponible, dans les bibliothèques notamment. Avant de mettre leurs cours en ligne les enseignants d'Harvard ou du MIT les plaçaient dans les livres. Cette disponibilité n'a jamais été garante du moindre apprentissage. Pour tirer profit d'un savoir, il faut des connaissances préalables, une mémoire, de l'attention, une aptitude à lire et comprendre l'information, un esprit critique apte à synthétiser, etc. Or, tout cela ne se construit pas en quelques clics. Deuxièmement, ces usages culturels dont on nous rebat les oreilles restent parfaitement marginaux au regard de l'afflux des pratiques récréatives, si habiles justement à saper le développement de l'intelligence et de notre conscience collective. Des dizaines d'études scientifiques rigoureuses dont Godard nous offre un aperçu édifiant démontrent aujourd'hui, sans la moindre ambiguïté, toute l'ampleur de ce potentiel délétère. Pourquoi croyez-vous que les gens précisément qui développent, vantent et vendent à longueur de temps les chimères du mythe numérique protègent obsessionnellement leurs propres enfants de cette soi-disant « culture digitale », aussi bien à la maison qu'à l'école (particulièrement au primaire, là où se forment les bases de la pensée) ? Un peu comme ces politiciens qui n'ont pas de mots assez grands pour vanter les vertus de la mixité sociale et de l'école publique... mais placent soigneusement leur progéniture dans les institutions privées les plus sélectives.

Évidemment, insiste Godard, les pratiques numériques dont il est ici question ne sont pas neutres en termes de polarisation sociale. D'un côté se trouve la forte minorité des individus (issus principalement de milieux favorisés) qui utilisent le numérique, avec extrême parcimonie, pour ce qu'il peut avoir de plus positif. De l'autre côté, au contraire, s'exprime la masse des utilisateurs compulsifs (issus principalement de milieux modestes) qui se gavent 5 à 7 heures par jour (c'est la moyenne) de jeux vidéo, réseaux sociaux, téléréalité, séries débiles et autres clips de rap. D'un côté quelques fenêtres restreintes utilisées avec fruit. De l'autre un flux incontrôlé où la vie se gaspille irrévocablement.

Finalement, au-delà de ses questionnements sur le mythe numérique, c'est à une véritable réflexion philosophique et politique que Godard nous convie. D'où venons-nous, quels sont les fondements de notre humanité, que partageons-nous vraiment et, surtout, quel monde, quelles valeurs voulons nous léguer à nos enfants ? À ces questions, chacun devra trouver par soi-même une réponse. Ne doutons pas que les réflexions agrégées au sein du présent ouvrage constitueront, pour ce faire, une aide des plus précieuses.

Lyon, le 30 juin 2015.

Michel Desmurget

Neurophysiologiste, directeur de recherche à l'INSERM. Il est notamment l'auteur de *Mad in USA* et de *TV lobotomie, la vérité scientifique sur les effets de la télévision* (Max Milo, 2008).

Bien après les jours et les saisons, et les êtres et les pays,
Le pavillon en viande saignante sur la soie des mers
et des fleurs arctiques; (elles n'existent pas).

Arthur Rimbaud, *Barbare* (extrait).

Bienvenue dans le nouvel ancien monde, le cybermonde !

Le monde vit un processus majeur de dépolitisation radicale : une idéologie s'impose partout, sans que l'immense majorité des humains l'identifie à une idéologie – elle est plutôt un mode de vie. Total. Unidimensionnel car englobant toutes les dimensions de l'existence humaine, y compris la contestation de l'omnipotence et de l'omniprésence du modèle. Quel que soit le nom qu'on lui donne, société néolibérale, capitaliste avancée ou post-industrielle, cette ambiance dans laquelle nous baignons semble la seule possible et souhaitable. La critiquer parce que nous foncerions vers la catastrophe ne peut servir qu'à renforcer le pouvoir des experts actuels, qui semblent les mieux placés pour lutter contre la famine, contre les dangers de la radioactivité non maîtrisée, contre tous les intégrismes, contre la violence d'où qu'elle vienne, et ainsi de suite. La société se ressent comme apolitique : elle n'est plus dominée que par des algorithmes qui président aux choix que nous disons encore « politiques » – mieux vaudrait parler de choix d'État ou d'Entreprise. La télévision n'est pas étrangère au processus, et l'apparition des premières générations de « digital-naïfs » poursuit et complète l'actuelle dépolitisation de masse.

Ce que certains appellent le politiquement correct n'était pas l'indice d'un conformisme obligé – auxquels certains s'obligeaient eux-mêmes... – mais d'une évolution plus grave : le refus de « s'engager », de penser la politique. Nous ne voulons plus discerner entre amis et ennemis politiques, alors que la politique est le seul domaine où nous n'avons que des amis ou des ennemis. Nous avons préféré ne plus nous y attarder et glorifier le consensus, alors même que l'Histoire n'est pas close, que les contradictions crient encore et que des humains souffrent, sont torturés et massacrés. Quel sens a donc le consensus, sinon d'offrir un aval mou à une politique de domination d'échelle mondiale ?

La culture ne joue plus son rôle d'aiguillon émancipateur. Nous avons laissé la politique aller à vau-l'eau et la démocratie se vider peu à peu. Ce n'est pourtant pas que la politique ne produise que « des monstres », comme l'avait affirmé Saint-Just au moment où lui-même construisait la figure du monstre absolu en politique. Personne n'avait jamais osé mentir aussi effrontément avant lui, qui affirmait « Le bonheur est une idée neuve en Europe ! » tout en encourageant à la « dépopulation » de la Vendée – un massacre pour des motifs idéologiques[1].

La politique produit pourtant aussi de la réflexion, et peut-être même de l'émancipation. Cependant, il est vrai que nous avons perdu, depuis bientôt deux générations, l'*habitude* de cette politique-là, positive et tendue vers l'utopie. Voilà bien longtemps que les sociétés contemporaines se complaisent plus ou moins dans l'abjection droitière, fascisante ou social-démocrate, dans le consensus dit « mou » du politiquement correct.

Or, deux générations dépolitisées, cela compte ! Parler de générations en politique permet de mettre en évidence la transmission réussie – ou manquée – de certains questionnements, de certaines « valeurs ». Quand des thèmes disparaissent du débat pendant plus de deux générations, on peut en inférer qu'ils ne sont pas prêts d'y revenir... La culture, dans ses formes mais surtout dans ses fonctions émancipatrices, est l'un de ces thèmes en voie de disparition ; l'utopie en est un autre, essentiel parmi ceux que nous allons consi-

1 Voir Louis-Antoine-Léon Saint-Just, *Œuvres complètes*, Paris, Gérard Lebovici, 1984.

dérer ici car elle inspire la marge depuis laquelle s'élabore cette critique.

La première génération de digital-naïfs part à la conquête de tous les lieux de pouvoir. Ses représentants ne sont pourtant des digital-naïfs que par l'âge, car, comme leurs pères, ils sortent des grandes écoles, de Sciences Po ou de HEC. Peu d'entre eux correspondent à l'image médiatisée du jeune *digital native* typique, gavé de jeux vidéo, de Facebook, Snapchat ou Instagram. Celles et ceux qui se propulsent vers les sommets font encore et toujours partie de ces fameux héritiers qui ont l'avenir grand ouvert devant elles, devant eux. Les patrons et les cadres d'Apple, Google, Microsoft ou autre Amazon, ces fameux créateurs de joujoux pour véritables *digital addicts*, ne s'y trompent pas : ils ont bien pris soin d'envoyer leurs propres enfants dans des écoles de la Silicon Valley dépourvues... d'ordinateurs ! Ce ne sont que les imbéciles qui peuvent perdre du temps, alors qu'ils sont encore jeunes, sur les *computers*. Pendant ce temps-là, les futures élites en restent, *grosso modo*, à Machiavel, Sun Tzu ou Keynes. L'informatique étant intuitive, il est toujours temps, à dix-huit, vingt ou même trente ans, d'apprendre à se servir de Word (en une heure), d'Excel (en deux heures) ou d'un moteur de recherche (en cinq minutes, le temps de comprendre ce que sont les opérateurs booléens, soit et, ou, sauf..., ce qui est à la portée du premier gamin venu, d'autant qu'il suffit de cliquer sur « Recherche avancée » si, par malheur, on ne comprend toujours pas).

La crise de la culture ne nous frappe pas tous, et sans doute n'est-elle plus exactement ce qu'Hannah Arendt décrivait il y a plus d'un demi-siècle[1]. Certes, le monde des adultes doit encore à la fois protéger les jeunes et se protéger d'eux, comme elle le demandait, afin que si les nouvelles générations portent des valeurs destructrices – comme cela fut le cas dans les années 1920-1930 en Allemagne –, elles

1 Hannah Arendt, La *Crise de la culture*, Paris, Gallimard, 1972.

n'en détruisent pas pour autant le monde tel qu'il est, avec les quelques valeurs positives qui y survivent malgré tout.

Car nous pouvons encore aller vers pire. Weimar a accouché de Hitler, et le prétendu « printemps arabe » a apporté la dictature ouverte au Maghreb et au Proche-Orient. La démocratie n'est plus que le mensonge officiel généralisé, partagé par tous – en ce sens, le mensonge est démocratique ! Arendt avait vu juste : les jeunes peuvent se retrouver en position de détruire le peu de positif qui subsiste en ce monde. Mais aujourd'hui, cette perspective est encore moins analysée pour ce qu'elle est, qu'elle ne le fut en 1933. C'est ainsi que les médias et les politiques nous donnent une raison pour tout renoncement, toute traîtrise, qu'il s'agisse de ne pas intervenir au Rwanda, d'attaquer l'Irak ou l'Afghanistan, d'abattre sans jugement Ben Laden. Le monde n'a pas progressé depuis Chamberlain et Daladier à Munich en 1938, et qui plus est, les sociétés sont aveugles et ne veulent pas même analyser cette stagnation... si consensuelle, si confortable !

La démocratie n'existe plus qu'à travers le « pavillon en viande saignante » qu'elle brandit, comme le proclamait Rimbaud dans *Barbare*[1], son poème peut-être le plus porteur d'utopie politique et pacifiste. Là est bien l'un des enjeux décisifs du monde contemporain, dans lequel la place de la culture sera déterminante : allons-nous vers la paix ou la guerre ? L'un des meilleurs antidotes à la guerre reste de développer des cultures de paix et de respect, même si nous savons que cela ne suffit pas.

À travers la montée en puissance de la culture numérique dans le monde contemporain, cet essai analyse si cette mise sur orbite ouvre la voie, ou non, à une destruction possible de ce qu'il restait de positif dans la culture précédente. Et, par-delà le temps présent, il réinterroge l'histoire. Nous devrons réinterpréter la cassure nouvelle entre connectés et déconnectés – comme autrefois entre cultures écrites

1 Dans son recueil *Illuminations*.

et cultures orales. Et à l'intérieur du groupe des connectés, entre ceux qui gaspillent leur temps et leur existence, et ceux qui cherchent à en tirer profit. C'est-à-dire, mesurer ce qui reste de société humaine.

Si nous n'avons plus de culture commune, pouvons-nous encore parler ensemble, rêver ensemble d'un avenir partagé et solidaire ? Ou sommes-nous d'ores et déjà condamnés, au-delà de ces masses gavées de numérique, à ne subsister qu'à la marge, à rester pour toujours ceux qui continuent de rêver « la soie des mers et des fleurs arctiques » (Rimbaud, encore) ?

Note sur les notes :

L'immense majorité des notes renvoient à des livres. Néanmoins, lorsque les textes étaient indisponibles mais se trouvaient encore sur l'internet, nous indiquons les adresses internet. Nulle contradiction avec ce propos : cet essai critique les dangers politiques fondamentaux du cybermonde ; il ne s'agit pas de se murer dans un refus qui serait finalement un alibi pour le non-changement en nous auto-contraignant à ne nous servir que d'outils prétendument acceptables. Ce dont il est question ici est d'un combat contre des ennemis politiques, qui avancent sous un masque culturel.

Cybermonde

Norbert Wiener est l'inventeur de la cybernétique et l'auteur de *The Human Use of Human Beings* – titre malencontreusement traduit sous la formulation neutre de *Cybernétique et Société*, alors que Wiener s'inquiète plutôt de l'« usage, par les humains, des êtres humains » que rend possible la cybernétique...

Il remarqua que son invention était surtout utilisée en vue d'asservir autrui. Servitude volontaire ou pas ? Quoi qu'il en soit, la cybernétique s'est révélée très vite une théorie du contrôle du comportement, de l'action et de la réaction des individus, une science mise au service de la tyrannie bien plutôt que de l'émancipation. Nous en oublierions presque que la critique de la cybernétique a émergé au moment même de sa naissance. Nous avons conservé la technique, mais perdu la critique que lui portait son créateur. Perte de sens, perte éthique, recul politique. Et si nous prenions le temps de réfléchir ? Car désormais les lois de la cybernétique – action, analyse, correction en temps réel – régissent le cybermonde en émergence.

Premier mouvement : une nouvelle révolution cognitive

Au moment où la quasi-totalité des êtres humains allait avoir accès au livre, celui-ci est déclaré obsolète. Nous vivons la « troisième phase » de la révolution cognitive, après l'apparition de l'écriture et celle de l'imprimerie, sans même avoir achevé la première étape.

Quel paradoxe ! Durant des décennies, le monde « développé », l'Unesco en tête, a œuvré à la destruction des cultures orales, attardées sur la voie unique du développement[1]. Le développementalisme fut l'idéologie progressiste structurant cette pensée du consensus autour d'un seul futur conforme : le nôtre, celui des cultures écrites et technologiques. Nous en tracions l'esquisse au prix de la négation de notre propre oralité et de la propagation d'une culture de masse dont nous aperçûmes vite les limites. Mais qu'importe, nous étions, nous les alphabétisés, les héros d'avant-garde de l'humanité bientôt libérée.

L'Unesco a été développementaliste et le reste, même si l'appellation n'est plus contrôlée car sentant un peu le rance colonialiste. Il n'empêche : les anti-développementalistes, au premier rang desquels de nombreux ethnologues hors normes, ont été vilipendés, marginalisés, réduits au silence. La bataille à peine conclue, nous entrons désormais dans une nouvelle étape de ce mouvement unesco-isant : après la destruction des cultures orales, voici la destruction de la culture du livre. Le livre tire sa révérence, les tenants de l'oralité venaient pourtant tout juste de s'y rallier...

1 L'ambition d'une revue comme *Le Courrier de l'Unesco*, dans les années 1970-1980, était de tracer cette voie de développement culturel mondial.

L'imprimerie, une révolution, mais dans quel sens ?

Il aura fallu cinq ou six millénaires pour que la première « révolution cognitive », comme l'appelle Raffaele Simone[1], commencée avec l'apparition de l'écriture, débouche sur une deuxième phase grâce à l'imprimerie. Mais en cinq siècles à peine, voici le livre déclaré obsolète, au profit d'une nouvelle étape « révolutionnaire » : l'émergence – et le probable triomphe espéré à très court terme désormais – du numérique.

Nous ne regrettons pas le livre *en soi*. Le livre fut une révolution, certes, mais aux aspects multiples et équivoques. Il ne fut pas toujours cet outil dont, pour des raisons idéologiques, on nous raconte la fabuleuse épopée émancipatrice[2]. Pour certains, encenser le livre permet de condamner sans appel le cybermonde ; pour d'autres, à l'inverse, rejeter le livre est un préalable à toute louange du numérique, lequel réussirait bientôt là où le livre a échoué : dans la tâche prodigieuse de faire de tous les humains des encyclopédistes et des érudits, sages et pacifiques.

La révolution du livre, lors de la prétendue Renaissance qui succédait aux âges obscurs, ne fut pas d'emblée une révolution si positive que nous le pensons souvent. Les premiers livres imprimés furent des outils de combat religieux aux mains des ultras, catholiques et protestants. Un chrétien pacifiste comme Sébastien Castellion fut une heureuse exception ; ses *Conseils à la France désolée* sauvent l'honneur de l'édition naissante[3], tout comme *Les vies parallèles* de Plutarque, traduites par Jacques Amyot[4]. Mais il fal-

1 Raffaele Simone, *Pris dans la Toile*, Paris, Gallimard, 2012.

2 Voir, par exemple, Joseph Lecler, *Histoire de la tolérance au siècle de la Réforme*, Paris, Albin Michel, 1994.

3 Sébastien Castellion (1515-1563) fit publier les *Conseils à la France désolée* en 1562, sans indication d'auteur ni de lieu du fait du danger qu'un tel ouvrage représentait alors.

4 Jacques Amyot (1513-1593) fut l'un des nombreux traducteurs, dans l'Europe du

lut attendre longtemps avant que Montaigne, La Boétie ou Marguerite de Navarre fassent oublier la masse des mauvais livres - ceux qui attisent la haine et la bêtise - et entrent dans les bibliothèques privées. D'abord celles des aristocrates, puis, à partir des Lumières, celles des bourgeois. Les livres devinrent alors des objets subversifs. Enfin ! Castellion avait vaincu Calvin.

Peu après, Louis XV, incapable de comprendre les courants politiques en gestation, opprimait la classe bourgeoise montante et l'empêchait par la force d'occuper une place au soleil. Les rébellions paysannes devenaient de plus en plus fréquentes et touchaient tout le royaume[1]. Dans ce cadre mouvementé, D'Holbach, Helvétius, Diderot, Rousseau et beaucoup d'autres travaillèrent, par leurs ouvrages, à construire la conjonction historique qui aboutit à la Révolution. Mais cette même culture des Lumières, des Droits de l'Homme et de la Révolution française ne put empêcher une contre-révolution culturelle au nom même des idéaux révolutionnaires : c'est en prétendant exporter les idéaux de fraternité et les droits de l'homme que les Conventionnels, puis le Directoire, mirent sur pied le système conquérant et dictatorial qui triompha avec Bonaparte. Cette ignoble réussite affûta ses armes sous le Premier Empire, se poursuivit durant la IIIe République et jusque dans le substrat idéologique de la Françafrique puisque persiste de nos jours l'idée que le bon Blanc français va apporter sa démocratie et sa culture républicaine à l'Africain en marche sur le chemin du progrès[2], et par-delà ce continent, à tous ceux qui, de par le monde, restent en retard...

Malgré quelques errements, le livre s'imposa cependant comme un outil d'émancipation, et l'on ne pouvait plus

---

XVIe siècle, des *Vies parallèles* (ou *Vies des hommes illustres*) de Plutarque.

1 Jean Nicolas, *La Rébellion française*, Paris, Le Seuil, 2002.

2 Selon le discours de Dakar, de Nicolas Sarkozy, alors président de la République, discours en réalité écrit par son conseiller Henri Guaino. Le « Discours de Dakar » est disponible sur Wikipedia.

dissocier édition et politique, culture et agitation. Au point qu'« intellectuel » a longtemps sous-entendu « de gauche ». Le livre en soi, pourtant, ne pouvait rien pour l'émancipation des femmes, des sans-grade, des paysans, des ouvriers... Il était un outil, sans être jamais suffisant, pas même déterminant, pour orienter la culture vers la subversion de l'ordre établi. Il fallut attendre les folles semaines de mai et juin 1968 pour que la revendication culturelle, ou plutôt d'émancipation culturelle, s'impose en tant que part d'un projet politique global – ou plutôt de plusieurs projets politiques différents, voire divergents. La force de l'écrit éclatait dans toute sa splendeur, depuis les slogans peints sur les murs jusqu'aux pamphlets corrosifs, sans oublier la formidable éclosion de la presse « contre-culturelle » des années 1970.

L'écriture, de l'élite jusqu'aux peuples

Pendant des siècles, le modèle d'une écriture au service d'une caste – en Égypte les hiéroglyphes réservés aux prêtres ou, en Inde, le sanskrit que ne lisaient que les brahmanes – fut la seule norme : une culture écrite par et pour les lettrés, accessible à eux seuls. En Chine aussi il fallait être un lettré pour écrire des caractères courants dont certains comptaient des dizaines de traits, jusqu'à la simplification imposée par les maoïstes. En Europe, après la chute de Rome, le latin devint le sanskrit ou le hiéroglyphique des puissants, tandis que les cultures populaires, avec les apports des divers groupes « barbares », donnaient naissance aux langues d'oc et d'oïl, dans leur fabuleuse diversité. Il y eut ainsi, pendant des siècles, deux cultures quasi imperméables l'une à l'autre, et le passage de la culture populaire au stade de culture reconnue, avec ses formes « élitistes » dont le livre, demanda encore des siècles.

Le livre fut l'un des outils majeurs de cet ennoblissement culturel du peuple, et marqua l'ouverture vers une nouvelle société : il bouleversa les rapports sociaux et culturels. La « révolution » de Gutenberg ne se limita pas à substituer le livre imprimé au livre recopié ; elle ne permit pas seulement de sortir de la littérature religieuse en contraignant les moines copistes à l'inactivité. C'est plutôt que la propagation du livre permit, à long terme, aux « cultures populaires », qui s'exprimaient en d'autres langues que le latin, d'accéder à un nouvel outil. En ce sens, le livre fut une démocratisation fort lente plutôt qu'une révolution : d'outil réservé à la seule littérature religieuse et en une seule langue, le latin, il devint le véhicule de multiples littératures, dans de nombreuses langues, qu'il contribua à stabiliser tant sur le plan grammatical qu'orthographique – nouvel atout dans la propagation des idées. Ainsi, le livre fit œuvre de communication en amenant les écrivains et leurs lecteurs à entrer en contact plus facilement, grâce à ses caractéristiques techniques, sa lisibilité, l'uniformisation de ses règles typographiques, etc.

Le livre contre l'oralité ?

Le livre ne fit pourtant pas disparaître la culture populaire orale. Il en grignota une part mais l'étendit aussi en faisant sortir les cultures populaires de leur aire géographique d'origine, vers d'autres cultures, d'autres publics. Il se produisit, tout au long des décennies et même des siècles post-Gutenberg, un processus d'ouverture, d'approfondissement, d'élargissement à d'autres horizons.

À partir de la fin du XVIIIe siècle avec la Révolution française, et plus encore au siècle suivant, l'enjeu fut de donner à tous l'accès au livre. Il fallut que les analphabètes s'alphabétisent puis acquièrent la capacité de lire et comprendre ce qu'ils lisaient. Le livre devint un allié du pouvoir, une courroie de transmission de l'idéologie de l'État[1] tout autant qu'un instrument de contestation. Durant les quatre ou cinq siècles de ce processus, qui se déroulait à l'échelle mondiale selon des rythmes certes différents, les cultures populaires se transformèrent profondément, en perdant beaucoup de leur caractère oral. Mais les cultures orales ne disparurent pas, malgré la dévalorisation évidente qu'elles subissaient, car le livre contribua à la fois à les éreinter et à les propager – par écrit ! Paradoxe, positif ou négatif selon les langues, les cultures, les régions du monde...

Au XXe siècle, les cultures orales reçurent les coups décisifs. Et ce n'est pas le livre qui les fit disparaître. Le culte du progrès et de la machine, l'efficacité et la rentabilité impliquent fondamentalement la victoire de l'écrit, qui est – on le pense tout du moins – plus précis que l'oral, ce qui permet une meilleure transmission des mots d'ordre et des ordres eux-mêmes, pour un fonctionnement optimal de la machine, locale ou planétaire, depuis l'atelier et l'usine jusqu'à la Mégamachine[2]. L'écrit facilite le contrôle du corps social : par le biais des documents tels que les constitutions, les normes, les titres de propriétés ou les cartes d'identité, les êtres humains sont aisément embrigadés, fichés et répertoriés[3]. Mais il serait faux de croire que l'écrit était indispensable à la propagande politique : la radio jouait très bien ce rôle, de même que les agitateurs itinérants comme les *wobblies* dans l'Amérique des années

---

1 En témoignent les débats à la Convention sur l'instruction publique. Voir Bronislaw Baczko, *Une éducation pour la démocratie. Textes et projets de l'époque révolutionnaire*, Genève, Droz, 2000.

2 Au sens que donne Lewis Mumford à ce mot dans *The Myth of the Machine ; The Pentagon of Power* : l'ensemble des techniques et des idéologies du progrès machinique aboutissant à l'actuelle ère de production-accumulation de marchandises.

3 Voir le travail du groupe Marcuse, par exemple *De la misère humaine en milieu publicitaire*, Paris, La Découverte, 2010. Voir aussi Armand Mattelart et André Vitalis, *Le Profilage des populations. Du livret ouvrier au cybercontrôle*, Paris, La Découverte, 2014.

1910-1930[1]. Et depuis les années 1960, la télévision, qui ne relève pas de l'écrit, s'acquitte à merveille de la tâche d'abrutissement généralisé[2]...

On peut penser que c'est en partie parce que les sociétés dites développées instituaient une culture du contrôle et de la rentabilité économique que l'écrit leur apparut comme complémentaire de l'oral. Cependant, les côtés subversifs de l'écrit devaient laisser penser à quelques élites du contrôle social qu'il n'était pas encore l'outil idéal pour un système cherchant à se perpétuer.

Rien à voir avec un quelconque manichéisme culturel qui postulerait que « le livre est positif et tout le reste est négatif » : c'est dans l'enchaînement précis des évolutions ou des révolutions dans la communication que se situe la réussite du système d'abrutissement. L'oralité ne disparaît pas; c'est sa forme ancienne, fondée sur la mémoire, sur le respect de la parole donnée – et entendue – et sur le développement de formes culturelles orales locales qui disparaît. Elle est remplacée par une « oralité d'État », qui est propagande et glissement vers le médiocre-culturel, jusqu'au non-culturel intégral.

La télévision incarne ce non-culturel oral intégral, dans lequel, selon l'un de ses prophètes[3], le but est de vendre du temps de cerveau disponible aux annonceurs. Beaucoup est dit dans cette formule, mais pas l'essentiel. On aurait pu en effet vendre du temps de cerveau en le rendant disponible après avoir écouté Shakespeare, du Brahms ou du Hendrix, un débat sur le climat, un film de Jean Yanne ou une soirée au Cirque Plume... Ce n'était pas contradictoire en soi. Mais le choix de la médiocrité, de la promotion de starlettes et

1 Militants syndicaux des IWW (Industrial Workers of the World). Voir Joyce Kornbluh, *Wobblies & Hobos. Les Industrial Workers of the World, agitateurs itinérants aux États-Unis. 1905-1919*, Montreuil, L'Insomniaque, 2012.

2 Voir Michel Desmurget, *TV lobotomie*, Max Milo, 2008, et Giovanni Sartori, *Homo videns : la sociedad teledirigida*, Madrid, Santillana, 1998.

3 Patrick Le Lay, alors tête pensante de TF1.

starlets de catégorie epsilon-moins ou X est tout aussi fondamental que cette injonction à consommer. La médiocrité fait sens et indique vers où le système oriente sa politique de domination.

L'oralité perdure, accaparée par les politiciens, les amuseurs télévisuels et les animateurs d'émissions radiophoniques ; elle est trop souvent de l'ordre du discours d'un général à ses troupes avant l'assaut fatal, afin de les encourager à se faire tuer sans même s'en rendre compte. L'oralité est détruite de l'intérieur : la radio et la télévision sont orales, et c'est parce que l'immense majorité des chaînes sont devenues médiocres et non culturelles qu'elles ont disqualifié l'oralité authentique, qui relevait de la parole sensée et engageante. De nos jours, la télévision ne sert qu'à des politiciens sans parole mais non sans promesses. Plus personne ne peut avoir confiance dans de simples mots s'ils supposent une action à plus ou moins long terme et un accord entre diverses parties. Plus aucun pacte ne peut être scellé par oral ; l'oralité même s'en trouve sans crédit. Un univers culturel multimillénaire a été détruit jusqu'en ses fondements[1].

À côté de cette « globalisation » de la forme culturelle orale et malgré l'apparition de la radio et de la télévision, le livre a pu prospérer durant encore toute la seconde moitié du XXe siècle. Il est même devenu le dépositaire de ce qui était peu à peu détruit des cultures orales, sans espoir de rien retrouver ; c'est ainsi que les livres d'ethnographie sont tout ce qui nous reste des cultures orales... merveilleux paradoxe ! L'écriture au secours de l'oralité qui meurt sous les coups de l'idéologie de l'écrit...

Il n'empêche : le livre n'a pas tué toute l'oralité. Seule la culture orale a disparu. Le livre a hérité de la culture tandis que l'oralité se cantonne désormais au domaine du

1 Ce qu'illustrent de nombreux ouvrages ethnologiques, notamment ceux parus dans la collection « Terre Humaine » (Plon) qu'il faudrait ici tous citer, comme Pierre-Jakez Hélias, *Le Cheval d'orgueil*, Paris, Plon, 1975.

cancan, du fait divers, de la propagande, et plus récemment de la nébuleuse dite « people ». Y a-t-il un parallèle avec la situation actuelle du livre face à la culture numérique ?

L'obsolescence du livre : un fait politique

Le livre est obsolète, nous dit-on, ou plutôt, car la précision devient indispensable : le livre en tant que support. Le livre ne sera plus en papier, il sera tout en écran et électrons. Nous l'appellerons désormais liseuse ou tablette[1], Kindle ou iPad car la marque n'est pas anecdotique dans ce débat, et représente une sorte d'archétype économique, une stratégie de conquête des esprits. Amazon n'est pas équivalent à Apple, ni Google à Facebook.

Rien ne changerait parce que le texte, malgré tout, restera tel, et cela seul compterait : on s'empare d'un livre pour lire un texte, pas pour exhiber un bel objet. Ce n'est pas parce que liseuses ou tablettes sont des objets valorisants pour leurs propriétaires que le texte disparaîtrait entièrement du paysage. La valeur du texte en soi, pourtant, bouge. Il faut considérer l'ensemble du contexte pour mieux comprendre comment des faits, *a priori* très subtils voire marginaux, ont déstabilisé l'équilibre entre le texte et son support.

Les années 1990-2010 ont été marquées par une explosion du nombre de titres publiés, alors que le nombre de livres vendus, lui, stagnait ou augmentait bien moins vite. Conséquence : pour chaque titre, le nombre moyen d'exemplaires vendus baissait, tandis que quelques très rares phénomènes éditoriaux de niveau global atteignaient des ventes de plusieurs dizaines de millions d'exemplaires. Ainsi, le paysage éditorial se « réorganisa ». Les sagas ont attiré des

1 Une liseuse est un écran que l'on doit connecter à l'internet afin de télécharger des textes. Une tablette permet en outre de lire ses mails, surfer sur le web, prendre des photos ou des vidéos...

centaines de millions de lecteurs, comme *Harry Potter*, *Cinquante Nuances de grey*, *Game of Thrones*, et bien d'autres. Certains ouvrages uniques – « one shot » ou « unitaires » en novlangue éditoriale – ont aussi connu un engouement planétaire, tel *Da Vinci Code*. Ces ouvrages et ces sagas n'ont pas tué le livre ; ils n'ont fait que déplacer l'intérêt autour de ces succès médiatiques et commerciaux, au détriment d'ouvrages plus culturels. Dans certains milieux, il fallait avoir lu *La Vie sexuelle de Catherine M.* comme dans d'autres on s'enthousiasmait pour Bernard Werber. Le livre devenait ainsi un objet de consommation comme un autre, non pas que leurs auteurs soient nauséabonds en soi. Mais ces best-sellers, à répétition dans certains cas, ont transformé ce qui, du livre, apparaissait à la surface médiatique : il devint un objet de consommation parmi d'autres.

Ce n'est pas tout. La diminution du nombre d'exemplaires par titre est fatale dans certains secteurs, comme le livre de sciences humaines ou le documentaire pour la jeunesse[1]. De plus, la concurrence de l'internet ne frappe pas tous les secteurs de l'édition de la même façon. Là encore, ce qui est de l'ordre de l'analyse ou de l'actualité est, forcément, touché par le culte de l'immédiateté, auquel nous sacrifions lorsque nous nous connectons aux flux d'informations sur l'internet ou aux moteurs de recherche, devenus l'alpha et l'oméga de l'information. La valeur du texte s'en trouve modifiée : un texte de sciences humaines, encyclopédique ou documentaire a d'autant plus de valeur qu'il est *récent*. Ce n'est plus le nom de l'éditeur qui fait la référence, et les Encyclopaedia Britannica, Universalis ou autres Grand Larousse Universel n'avaient plus qu'à disparaître, ce qu'ils ont fait ou vont faire dans les années qui viennent. Des ouvrages, considérés auparavant comme des monuments éditoriaux d'érudition, ont perdu tout leur prestige.

1 Nous y revenons plus loin.

De même, lorsque nous disons qu'aujourd'hui Proust ne trouverait pas d'éditeur, le vrai sens de ce lieu commun est : la valeur d'un roman ne se mesure plus de la même manière qu'il y a un siècle – ce qui n'est vraiment pas à regretter, mais à quelle aune mesure-t-on cette valeur ? Un roman doit être moins long, surtout s'il est destiné à un public de moins de trente-cinq ans, et il s'appuiera davantage sur de l'action que sur la psychologie des personnages – ainsi, les séries d'heroic fantasy ne s'embarrassent pas d'une psychologie fine. Ou alors ce doit être un pavé, mais comportant de multiples histoires imbriquées au dénouement commun, ce qui est l'une des formes plébiscitées de nos jours. La valeur du texte a glissé de façon telle que ce glissement ouvre la voie à une approche de plus en plus superficielle de la lecture. Parce qu'elle correspond mieux au monde moderne que la profondeur, en partie fantasmée, du temps jadis, *cette superficialité ne peut pas être critiquée en soi si la critique ne porte pas aussi sur la totalité du monde*.

Les tablettes et liseuses permettent de télécharger depuis son canapé la dernière étude sur le sujet à la mode au lieu de se rendre dans une librairie où, au demeurant, il faudra attendre une semaine un livre imprimé il y a un mois, et écrit il y a trois mois, au minimum... Le culte de l'immédiateté s'insinue partout, et d'abord dans les choix d'achats, d'autant que l'écran relié à l'internet se prête tout à fait, désormais, à la lecture de romans et de textes longs grâce aux progrès en matière d'affichage.

Comment va s'organiser l'achat ? Un écran, le nôtre, celui sur lequel Amazon ou Barnes and Noble vendent leurs bouquins, est toujours beaucoup plus petit qu'une librairie. Certes, on peut flâner virtuellement sur Amazon, mais il n'empêche que tout est fait pour mettre en avant ce qui connaît déjà le succès – tel est bien le rôle des propositions qui arrivent sur l'écran au fur et à mesure que l'on tape les lettres de l'auteur ou du titre recherché, et de ces « suggestions » : « Ceux qui ont acheté ce livre ont aussi acheté tel et tel ouvrage. » Il y a une mise en conformité du lecteur, qui ressemble assez au lit de Procuste : il ne faut surtout pas être trop original ni dans un sens ni dans l'autre; mieux vaut se couler dans les propositions d'Amazon, qui correspondent à un entre-deux consensuel.

Il y a pourtant un véritable effet-consensus : les librairies en ligne ne sont pas là pour perdre du temps en conseil ni pour voir leurs serveurs occupés par des flâneurs désargentés, mais pour vendre des livres, n'importe lesquels, de préférence ceux qu'elles ont en stock et qui se vendent très bien. Si nous comparons avec l'apparence d'une librairie des années 1970, les différences sont évidentes. Mais peu à peu, la librairie papier, qui dépend de fait des politiques éditoriales, s'est livrée elle aussi au culte du best-seller... Le passage s'est donc opéré en douceur, ce qui l'a rendu imperceptible. Les conséquences n'en sont pas moins, à moyen et long terme, déterminantes.

Ce n'est pas le livre qui est obsolète. Ou pas seulement. C'est une certaine lecture de certains textes, auprès de certains publics. La lecture des textes considérés comme classiques n'est pas obsolète pour tout le monde : elle ne l'est d'ores et déjà que pour ceux qui doivent être tenus dans l'ignorance, afin de participer au consensus et de faire fonctionner un système dont ils ne perçoivent pas la nocivité. L'ignorance ne s'identifie pas au prolétariat ou aux « classes dangereuses », alors que la connaissance serait l'apanage de l'élite : l'élite elle-même se tient dans l'ignorance la plus crasse! Le manichéisme primitif est dépassé : la culture classique trouve ses défenseurs au sommet comme à la base de la pyramide sociale. La reproduction des classes fonctionne toujours, mais moins sur le discriminant de la culture qu'à l'époque des analyses de Pierre Bourdieu[1] dans

1 Voir notamment *Les Héritiers*, Paris, Minuit, 1966 (avec Jean-Claude Passeron) et *La Distinction, critique sociale du jugement*, Paris, Minuit, 1979.

la mesure où l'élite elle-même perd son avantage culturel. L'argent reste ou devient à nouveau le critère fondamental, tandis que la réussite universitaire est de plus en plus fondée sur la connaissance, par les parents, du système de sélection scolaire dans son ensemble[1]. Le critère « culturel » serait plutôt : la culture à ceux qui savent la décrypter, ce qui n'est pas mieux que « la culture à la seule classe possédante ». Il semble bien qu'il y ait là quelque chose qui s'autoalimente : ne s'intéressent à la culture que... ceux qui la comprennent et la produisent. La conclusion est terrible : la culture ne joue plus de rôle subversif. Elle ne cherche plus à élargir sa base. L'industrie culturelle propose des produits qui n'ont rien, au fond, de culturel... mais qui présentent l'avantage de se vendre et de permettre d'oublier ce monde.

Les éditeurs, les auteurs et quelques autres professionnels de la culture commencent à se soucier de savoir qui va lire sur écran, et quoi. Il va falloir vendre du texte et rendre opérant un nouvel outil de décervelage. L'internet joue ce rôle à la perfection, en proposant sans cesse des informations sans intérêt, des *buzz*, des *fakes*, tout un matériel à lire attrayant. Où se placera le texte, sur cet écran encombré de spots et d'annonces de toutes sortes? La solution pourrait être d'étendre le processus d'abêtissement au-delà du seul web, par exemple en faisant croire que les liseuses concentrent la culture, les cultures du monde, en quelques centimètres carrés de pixels. Lire sur écran individualisé deviendrait ainsi une marque de supériorité culturelle.

L'enjeu doit être colossal puisque les trois ogres qui s'y affrontent sont la société à plus forte capitalisation boursière

1 C'est ainsi que la moitié des polytechniciens ont au moins un parent dans l'Éducation nationale, d'après un article d'Éric Le Boucher dans *Les Échos*, « Le scandale de la génération X », 21 mai 2010, disponible à l'adresse : http://www.slate.fr/story/21799/editer-le-boucher-les-echos. Voir aussi l'accablant rapport de mai 2015 du Conseil national de l'évaluation du système scolaire (CNESCO), disponible sur le site web du ministère de l'Éducation nationale : http://www.cnesco.fr/wp-content/uploads/2015/05/Etat-des-lieux-Mixit%C3%A9-%C3%A0-l%C3%A9coleFrance1.pdf

du monde, Apple, « la plus grande librairie sur Terre », Amazon, qui ambitionne de devenir le plus grand magasin sur Terre selon son fondateur, Jeff Bezos, et Google, le complexe multi-pouvoirs dont auraient rêvé Folamour et Goebbels, avec à sa tête des titans de la pensée digitale-globale, Sergey Brin et Larry Page ses fondateurs, Eric Schmidt son ex-PDG, et Jared Cohen, directeur de Google Ideas. Ceux-là en effet n'ont aucun complexe et dévoilent sans ambiguïté ce que le Googleplex, leur centre de commandement global, doit devenir : une sorte de Conseil de sécurité de la culture indispensable aux États, le *think tank* et organe exécutif d'une forme nouvelle de la vieille doctrine de sécurité nationale nord-américaine, outil principal de la contre-insurrection à l'échelle mondiale[1].

1 Voir « Deuxième convergence : numérique, violence et hallucination collective », p. 75 et « Résultat : spectacle, illusion, atomisation, contre-insurrection », p. 95.

Deuxième mouvement : révolution ou réaction ?

Depuis les années 1980, les élites culturelles mènent leur contre-révolution au nom de la poursuite de la révolution culturelle des années 1960 qui avait failli les chasser du pouvoir. Le numérique, d'abord apparu comme un nouveau bouleversement à la mode libertaire et hippie, est devenu le fer de lance de la réaction.

Le numérique n'est pas neutre. Il porte et propage une politique éditoriale qui favorise ce qui se voit le mieux sur le web au détriment de ce qui fait sens, surtout critique. Cette politique est pensée et mise en place par des sociétés qui, en toute logique marchande, n'ont plus rien à voir avec la culture. Désormais, le but de la propagande technologiste est de vaincre les dernières défiances à l'égard des nouveaux produits numériques afin de les rendre omniprésents dans notre paysage quotidien. Le mensonge de la libération par la technologie se retrouve jusque dans le prétendu intérêt écologique d'une tablette, ou lorsque l'Académie des Sciences se fend d'un rapport qui prétend, entre autres bizarreries, que les tablettes visuelles et tactiles sont « le format le plus proche de [l']intelligence » des bébés de zéro à deux ans[1], ce qui s'approche du non-sens intégral. La propagande est intense pour construire et entretenir le consensus, le suivisme déterminant le succès ou non du matériel digital. Il nous faudrait accepter sans condition le numérique, sous peine de perdre toute possibilité de survivre dans le cybermonde[2].

L'impossible entre-deux n'est pas une nouveauté ; c'est aussi ce qui se passa lors de la « révolution Gutenberg » :

1 Voir www.academie-sciences.fr/activite/rapport/avis0113.htm publié en janvier 2013 (pp. 32-33).

2 Voir « Résultat : spectacle, illusion, atomisation, contre-insurrection », p. 95.

l'acceptation du livre entraîna la disparition des moines copistes et surtout des textes qu'ils copiaient, en latin, langue que personne ne parlait à part les moines eux-mêmes. Le livre imprimé a impliqué que la Bible ne resterait plus réservée aux seuls clercs instruits ; le numérique va, lui, bannir des écrans les textes qui ne correspondent pas à la culture qu'il véhicule, exactement comme la Bible en langue vulgaire a vaincu les textes en latin que recopiaient les moines. Ou plus exactement, puisque la Toile semble encore échapper à tout contrôle sauf dans les pays ouvertement dictatoriaux comme la Chine, les textes critiques du cybermonde s'y trouveront rejetés dans une position marginale. Au pays de Google, où tout semble démocratique, le contrôle est subtil ; pourtant, dans les trois premières pages des référencements proposés par Google, tous les sites ont, à un niveau ou à un autre, un lien avec cette entreprise, soit qu'ils lui appartiennent en totalité (YouTube), soit qu'ils aient signé avec elle un contrat de type publicitaire. Ce contrôle du *page rank* par Google illustre la prise réelle du pouvoir virtuel, lequel se transmute en argent sonnant par la magie du capitalisme : grâce aux recettes publicitaires procurées par la vente des profils des internautes[1].

Il n'y a pas équivalence entre un texte déposé sur un livre papier et le même texte, strictement, sur écran. La première différence tient dans l'environnement – le cybermonde – qu'implique la version numérique, à la construction duquel elle participe. Ce cybermonde véhicule d'autres valeurs que celui qui l'a précédé, et nous ne lirons pas un texte de la même façon selon que nous aurons ou non adhéré à l'idéologie numérique. Lors de la révolution Gutenberg, les

1 Voir par exemple *Google, ou comment s'imposer comme un point de passage obligé*, sur les archives du CNRS, disponible sur le Web. Les pages de résultats sponsorisées concernent pour l'essentiel des requêtes très commerciales (par exemple « hôtel Venise »). Sur des requêtes moins commerciales, on peut supposer que peu de sites paient Google pour monter dans le *page rank*. De toute façon, l'algorithme de traitement du *page rank* chez Google est un authentique secret industriel.

clercs l'avaient parfaitement compris ; c'est pour cela qu'ils s'opposèrent avec vigueur à ce que chaque chrétien ait accès à la Bible, dans sa propre langue. Au XVIe siècle, lire une Bible imprimée en langue vulgaire et non plus en latin valait adhésion au nouveau monde du livre, donc à une politique, voire à une autre religion puisque cette lecture représenta longtemps une hérésie et constitua l'un des fondements du protestantisme. De même, la tablette et la liseuse valent quasi-adhésion à une autre politique, à un autre monde.

Cependant, que la langue vulgaire imprimée ait représenté au XVIe siècle une avancée vers l'émancipation ne signifie pas qu'aujourd'hui, le numérique soit une nouvelle avancée positive. Car il creuse entre les diverses cultures de la planète un gouffre que le livre s'était attaché depuis quelques décennies à combler. C'est cette tâche de mise en dialogue des cultures – qui aurait pu être grandiose mais a été détournée de ses buts émancipateurs par de nombreux acteurs, l'Unesco n'étant pas seule en cause – que le monde digital prétend mener à son terme, tout en dénonçant ouvertement le caractère passéiste du livre papier.

Le trouble est ainsi jeté : le livre était-il émancipateur puis devint-il « inadapté » au monde moderne ? Ou est-il simplement obsolète, et alors le monde numérique va-t-il reprendre à son compte cet axe porté jadis par le livre papier, l'émancipation humaine ? La question n'est plus posée. Elle le fut pourtant au début de la révolution numérique, lorsque la plupart de ses gourous mettaient en avant, précisément, ses formidables possibilités émancipatrices[1].

---

1 Timothy Leary, dans *Chaos et Cyberculture*, Paris, Le Lézard, 1998, en donne l'une de ses expressions les plus achevées.

L'encyclopédie face aux moteurs de recherche

La seconde différence entre papier et numérique tient à la politique éditoriale. Le livre a longtemps été d'abord une réalisation culturelle « locale », par langue, avant de devenir un objet culturel puis commercial – pour une large part de la production éditoriale –, cherchant à sortir d'un cadre national devenu souvent trop étroit pour assurer la rentabilité d'un ouvrage, ce qu'illustrent les coéditions ou encore les *« abstracts »* en langue anglaise, lesquels représentent l'espoir de toucher le public anglophone, sous-entendu global. Le numérique implique une autre conception de la valeur du texte, qui doit prendre en considération l'obsolescence généralisée dès le stade de sa conception éditoriale, et une autre dimension dans sa diffusion, qui tend d'emblée à viser le monde entier, en prenant en compte la prééminence de l'anglais[1]. La rentabilité d'un texte, ou plutôt du site sur lequel il est publié, passe au premier plan, avant son intérêt éditorial et intellectuel pur, non pas que d'un coup le monde soit devenu marchand – l'évolution vers la marchandisation de toute chose ne date pas de l'intrusion du cybermonde. Tout autant que le livre, le numérique est un outil non neutre au service d'une politique précise. L'exemple de l'encyclopédie est magistral.

L'encyclopédie était une forme culturelle prestigieuse et déjà ancienne. En deux siècles et demi, les encyclopédies n'ont jamais été menacées par d'autres formes d'ouvrages. Elles étaient uniques; les écrire constituait un exercice intellectuel délicat et exaltant, d'autant que leur but n'a jamais été de constituer des monuments indépassables du savoir humain, mais, en faisant un point assez complet sur ces savoirs et en les réunissant en un seul ouvrage, de permettre à leurs lecteurs d'opérer par eux-mêmes une synthèse intellectuelle apte à leur ouvrir de nouveaux horizons.

---

1 En 2013, les deux tiers des publications sur l'internet se font en anglais – nous devrions plutôt dire en globish, cet anglais global qui ne rappelle que d'assez loin celui de Cambridge.

L'internet peut procurer la même sensation, voire avec une intensité renouvelée. Pourtant, quelque chose a changé. L'encyclopédie était accessible à tous parce que l'axe éditorial de toute encyclopédie était de fournir des données et des réflexions à tout lecteur dans le but de l'enrichir de nouveaux horizons. Tandis que l'internet suppose que les connaissances de l'internaute soient préalables, et qu'il soit de plus doté d'une volonté de fer pour fouiller dans le dédale des dizaines de milliards de pages web qui s'offrent à lui. Sans oublier que le but de tout site internet étant de capter le lecteur plutôt que de le voir partir ailleurs, toute politique web-éditoriale s'assimile davantage à la pêche au chalut – capturer le plus de chalands possible – qu'à la propagation au large de bouteilles à la mer que sont les outils culturels.

La sérendipité, cette faculté de se laisser guider par le hasard dans toute recherche sur le web jusqu'à en perdre le but initial, caractéristique dont se sont gaussés les défenseurs du monde numérique, tint lieu, dans les années 1990-2000, de politique éditoriale, ou plutôt permettait de justifier son absence au nom de la liberté. La « navigation libre » était censée stimuler l'intérêt de l'internaute. Très vite, l'avalanche de sites sur un même sujet, l'inintérêt manifeste de nombre d'entre eux et la confiscation du web par les marchands ont sonné le glas de la sérendipité : ni politique éditoriale, ni même navigation libre, elle se présente maintenant comme un gaspillage de temps.

Dans les années 1990, les encyclopédies évoluèrent : elles passèrent du papier au CD puis au DVD. À la fin des années 1990 apparurent les moteurs de recherche, au moment où le coût de la connexion à l'internet s'effondrait : on passa de plusieurs dizaines de francs pour quelques heures à une somme bien moindre pour une durée illimitée. Une évolution culturellement déterminante, et non une simple offre commerciale comme cela est le plus souvent analysé. En l'occurrence, la possibilité de passer un temps illimité sur la

Toile est déterminante : choisir l'internet aux dépens d'autres sources culturelles devenait non seulement possible, mais encore – surtout ? – bien moins coûteux.

Cela signait la mort de la forme encyclopédique. En effet, pour faire tourner un DVD, il faut un ordinateur ; la connexion à l'internet devenant quasi gratuite, il se produisit ce qui était évident et voulu : puisqu'il fallait un ordinateur pour visionner l'encyclopédie sur son nouveau support DVD et que cet ordinateur avait désormais un accès permanent à l'internet, il devenait inutile d'acheter un DVD se prétendant encyclopédique. Cette prétention même était insupportable : le DVD ne s'actualise pas automatiquement, tandis que l'internet est au fait des dernières nouveautés, depuis le changement de régime au Congo et le coup d'État au Cambodge jusqu'aux résultats du dernier grand prix de Formule 1 ou de l'élection de Miss France. Pourquoi continuer à acheter des DVD qui n'avaient plus les moyens de sacrifier au culte de l'immédiateté ?

C'est ainsi qu'un simple *outil* a tué un genre livresque emblématique du savoir humain, sans coup férir, en quelques années à peine. Même un régime totalitaire n'aurait pu rêver de faire disparaître aussi vite ce type d'ouvrage potentiellement subversif. Certes, maintenant, nous avons les ordinateurs et l'internet, avec ses dizaines de milliards de pages. À nous, donc, de nous y retrouver et de savoir identifier la véritable information « encyclopédique »... Mais de là à le transformer en un outil subversif, il va falloir y travailler.

L'argument Wikipédia

Désormais des centaines de millions de personnes n'utilisent qu'une seule source « encyclopédique », Wikipédia, ce qui entraîne un effondrement radical de la diversité des sources de savoirs et préfigure l'atrophie d'un art émancipateur multiséculaire, la controverse. L'omniprésence de quelques marques ou sites sur le web n'est pas sans conséquences. Si Google numérise tout le patrimoine écrit du monde, si Apple construit un empire de la communication, si Amazon est la plus grande librairie sur Terre, si l'on ne peut plus avoir de relations sociales qu'à travers Facebook ou Twitter, et si Wikipédia devient l'unique source autorisée du savoir, il n'est pas sans intérêt de comprendre l'éthique qui anime tous ces monopoles. Si celle d'Amazon est facile à décrypter – le profit en est à coup sûr le moteur fondamental –, il n'en va pas de même de Wikipédia.

Son fondateur avait un rêve : créer une communauté d'élaboration du savoir qui soit à la fois globale et horizontale, sans hiérarchie. Mais à l'usage et avec le développement intense des outils informatiques, Wikipédia est devenu une masse complexe d'informations. *A priori*, tout est simple puisqu'il suffit d'inscrire une requête pour déboucher sur une notice encyclopédique, et cette simplicité donne du crédit au site : puisqu'il a réponse à tout, il présente un caractère encyclopédique, et est ainsi devenu l'un des sites web les plus visités. Cependant, la culture ne s'accommode pas du monopole. Si nous n'avons plus qu'une seule source pour nous informer, notre savoir s'uniformisera, et, d'un individu à l'autre, nous ne serons plus capables que de partager quelque chose d'unique – donc ne rien partager du tout, juste constater une convergence générale de vues, sur tous les sujets –, plutôt que de confronter des nuances, des divergences, des contradictions.

D'autant que le phénomène de Wikipédia comme monopole du savoir n'est pas unique : les MOOC *(massive open online courses)* sont des cours universitaires dispensés par un seul professeur, via le web, à des centaines de milliers d'étudiants à la fois. Il semble que le record ait été établi fin 2012 avec 160 000 étudiants en simultané pour un cours[1],

1 En Californie, par la société Udacity. Mais tout cela évolue extrêmement vite

avec l'intention de généraliser cette pratique et d'atteindre des masses d'étudiants encore bien plus importantes. À très court terme, nous pouvons imaginer une société dans laquelle les flux de savoir irrigueront tout le corps social connecté, à partir d'un nombre de sources extrêmement limité[1]. La concentration extrême des sources de diffusion des connaissances préfigure l'atrophie pure et simple du savoir, et annonce le règne de l'approximation et de l'incompétence. Le savoir émancipateur naît toujours de la controverse et de la volonté de dépasser l'existant, jamais de l'ossification idéologique que représente un corpus immense de connaissances acceptées et reconnues par tous. Absolument tous.

D'autant que les connaissances actuelles ne peuvent être considérées comme abouties et indépassables, dans quelque domaine que ce soit. Ceux qui imaginent Wikipédia comme une sorte de conservatoire de nos certitudes à partir duquel nous pourrions enfin bondir vers les savoirs de l'avenir ignorent tout de la marche réelle de l'apparition des savoirs. Rien de nouveau ne naît jamais d'un savoir mort ne donnant lieu à aucune contestation. Sans même parler ici de l'ossification de la culture que cela entraînerait.

Dans le même temps, ces savoirs accumulés en un seul lieu virtuel, Wikipédia, restent très mouvants. Tout le monde peut en effet « améliorer » l'encyclopédie, et cette séduisante faculté de Wikipédia n'est pas étrangère à son succès. Pourtant, au fur et à mesure que le temps passe, les strates s'accumulent, elles aussi, pour chaque article, quel que soit le domaine. Ainsi, « Brigades rouges », « Henri III » et « Fellation » ont tous donné lieu à plusieurs centaines de corrections dont on peut suivre la trace dans l'historique, alors que l'on peut supposer que les controverses sur ces trois thèmes

---

et le nombre de références qui apparaissent sur Ixquick – moteur de recherche confidentiel – lorsque l'on saisit la requête « MOOCs » est en explosion (40 000 fin janvier 2013, et 2,7 millions en décembre 2014).

1 Telle était l'utopie assez largement négative présentée dans le film d'animation *La Planète sauvage*, d'après un scénario de Roland Topor, en 1973.

n'ont pas la même intensité – ni le même intérêt culturel, au point que l'on peut se demander pourquoi le dernier terme figure dans une encyclopédie alors qu'il relève au mieux d'un ouvrage de sexologie, voire d'un guide pratique. L'absence de politique éditoriale aboutit en la matière à faire entrer, dans une encyclopédie, une notion dont le caractère culturel peut être mis en doute, et qui pourtant donne lieu à un article très étendu.

En 2009, on pouvait lire sur Wikipédia que les Brigades rouges étaient les responsables du massacre de la gare de Bologne, ce qui est faux et a été jugé. En 2014, l'article sur Françoise Dolto était bloqué car il donnait lieu à des corrections et contre-corrections incessantes. En 2015, les articles sur l'histoire du Japon sont si longs qu'ils relèvent d'un niveau bac + 3, voire bac + 5, suivant en cela la nouvelle tendance des wikipédistes : accumuler des connaissances, des dates, des chiffres, des données, à un tel point que les articles en deviennent monumentaux, illisibles et indigestes.

On peut suivre l'évolution des interventions des internautes sur chaque article, mais la transparence de Wikipédia n'est qu'un leurre, car l'absence de ligne éditoriale implique que la transparence elle-même tienne lieu de politique. En effet, on ne sait pas – on ne sait plus, reconnaît le fondateur de Wikipédia[1] – ce qui est vrai, approximatif ou même faux, dans Wikipédia. La transparence ne peut servir qu'à identifier l'adresse internet de l'individu qui a modifié telle ou telle notice, et se limite à cela. Leurre absolu puisque, pour entrer en contact avec l'encyclopédie et faire modifier une notice indiquant des informations totalement fausses, il faut consacrer des heures de son temps pour enfin avoir un gain de cause partiel[2]. La transparence est virtuelle, au sens fort

1 Katherine Mangu-Ward, « Wikipedia and beyond : Jimmy Wales's sprawling vision », in Mark Bauerlein, *The Digital Divide. Arguments for and Against Facebook, Google, Texting, and the Age of Social Networking*, New York, Jeremy P. Tarcher/Penguin, p. 250-270.

2 Expérience personnelle, à propos d'une notice qu'un adepte inconnu de Wikipédia

du terme : elle n'est qu'en puissance. De ce leurre, il semble logique de se satisfaire dans la mesure où, précisément, nous entrons dans un monde virtuel.

On confond souvent le caractère « encyclopédique » avec une neutralité scientifique nécessaire. On pourrait discuter à perte de vue de la « neutralité » de la science, qui n'est pas toujours, voire pas souvent, innocente dans le choix de ses domaines de recherche, et qui n'est donc jamais neutre... Surtout, la neutralité n'a aucun sens dans de nombreux domaines, et notamment ceux qui touchent à la politique, où la neutralité n'existe pas puisqu'elle consisterait à faire la part des choses et à rendre compte, à égalité de mots, d'un pour et d'un contre qui sont inconciliables et qui, *a priori*, ne peuvent servir les mêmes buts pour l'avenir de l'humanité – le critère est ici, au sens fort, l'humanisme, dont l'encyclopédie de Diderot est empreinte.

En science, la neutralité n'est pas non plus toujours possible. Ainsi, une notice « encyclopédique » sur les organismes génétiquement modifiés ne peut être neutre, dans la mesure où leurs partisans avancent des arguments, via les firmes qui les fabriquent et les scientifiques au service de ces firmes, qui sont de grossières manipulations. Par exemple lorsqu'elles proclament que les OGM permettront de réduire la consommation d'herbicides alors qu'ils sont conçus pour leur résister et à l'inverse intensifier leur utilisation[1]. Il faut donc prendre parti et trancher : on considère ce qui relève de la propa-

---

a curieusement consacrée à mon travail d'auteur de livres documentaires pour la jeunesse, et qui mélangeait de nombreuses choses, donnant notamment des informations parfaitement erronées (« fondateur de la revue *Le Sarkophage* », par exemple).

1 La consommation de l'herbicide de Monsanto, le Round-up, a ainsi fortement crû avec l'introduction des plantes génétiquement modifiées et résistantes à sa molécule, le glyphosate. Voir le site officiel de Monsanto, http://www.monsanto.com/global/fr/produits/pages/roundup.aspx, dans lequel le fabricant confirme que, « Révolutionnaire dès sa sortie, Roundup reste le premier herbicide au monde »... Voir aussi Philippe Godard, *OGM semences politiques. Vers un contrôle total du vivant*, Paris, Homnisphères, 2008, et Marie-Monique Robin, *Le Monde selon Monsanto. De la dioxine aux OGM, une multinationale qui vous veut du bien*, Paris, La Découverte, 2009.

gande comme vrai ou faux, mais aucun compromis n'est possible – ne pas en parler n'est pas une façon de rester neutre; cela devrait s'appeler du renoncement ou de la tromperie par omission. La marchandisation de la science et sa servilité à l'égard du culte du Progrès technologique entraînent ainsi un délicat problème du point de vue de la diffusion de connaissances « encyclopédiques ».

Depuis qu'elles existent, les encyclopédies ont toujours eu une ligne éditoriale. La plupart avaient suivi le programme que se donnait Diderot : faire le tour des savoirs de façon à œuvrer en faveur de l'émancipation du genre humain et lui permettre de se dégager des fausses croyances et des mensonges du pouvoir. Jusqu'au XXe siècle, il est évident que cette ligne fondamentale fut celle de la quasi-totalité des encyclopédies, avec des variantes. Certaines s'adressaient à tout le monde, d'autres visaient des publics spécifiques (une profession, ou un niveau d'études). Les encyclopédies honnêtes – sans doute les plus nombreuses – demandaient à leurs auteurs de donner du grain intellectuel à moudre aux cerveaux des lecteurs plutôt que de leur asséner des savoirs définitifs. Certaines notices tombaient cependant dans ce dernier travers, mais la politique éditoriale d'ensemble restait clairement lisible.

Avec Wikipédia, aucune politique n'est lisible, ne serait-ce qu'au niveau de la longueur des articles. Le fonctionnement même de Wikipédia interdit l'imposition d'une ligne éditoriale, sans garantir pour autant ni la liberté intellectuelle de l'entreprise – puisque des individus mal intentionnés peuvent modifier les articles et les orienter vers certaines voies contraires à toute idée d'émancipation –, ni son sérieux – les modifications des articles doivent être validées par des comités tout à fait obscurs et pas toujours compétents[1].

---

1 À nouveau expérience personnelle, dans la mesure où le « responsable » du secteur dans lequel s'insérait la notice me concernant – un étudiant de Sciences Po –, et l'auteur même de cette notice – que je ne connais pas –, n'avaient qu'une approche très approximative du monde de l'édition pour la jeunesse, et qu'ils me créditèrent

L'absence de ligne éditoriale de la plus connue de toutes les encyclopédies du monde, et la plus utilisée, n'est pas un simple fait curieux et anecdotique. Il s'est produit une cassure, au cours de laquelle les éditeurs ont perdu leur capacité de prouver la validité de leur ligne éditoriale et les lecteurs n'ont plus su distinguer – avec raison – entre telle ligne et telle autre. L'absence de ligne éditoriale implique que les responsables éditoriaux se plient à d'autres critères que ceux qui relèvent de la culture ou de l'humanisme, les critères économiques et commerciaux en général, ou au pire qu'ils n'ont aucun critère. Wikipédia n'appartient pas à coup sûr au premier extrême puisqu'elle n'est pas une entreprise commerciale comme Google ou Amazon. Et il est étonnant de constater qu'elle n'appartient pas non plus à l'autre extrémité, car Wikipédia suit bien un critère « éditorial » : le dernier arrivé a raison. Il ne s'agit pas de publier n'importe quoi dans Wikipédia, mais de publier ce qui est le plus récent, ce qui a été le plus récemment modifié. La modification signifie, chez Wikipédia comme chez Monsanto, amélioration. En effet, Monsanto ne parle pas d'organismes génétiquement « modifiés », mais « améliorés », de même que l'on parle de réalité « augmentée » pour les casques vidéo par exemple – et non « déformée », ce qui pourtant rendrait mieux compte de cette modification du réel.

Wikipédia se présente comme un véritable sommet de la modernité numérique, y compris dans l'illusion qu'elle a créée et qu'elle nourrit sur elle-même. Sa conception est un mensonge proféré par des individus qui croient au mensonge qu'ils profèrent. Ils ne mentent donc pas puisque le critère fondamental du monde dans lequel ils vivent leur donne raison : ils sont immergés dans la vaste tromperie du consensus.

---

au bout du compte de tous les livres signés « Philippe Godard », alors même qu'il existe au moins trois auteurs de ce nom publiant en France. Je me suis donc retrouvé crédité de livres qui ne sont pas les miens – fait que j'ai signalé mais qui, un comble, n'a été pris en compte que plusieurs années plus tard !

D'Apple à Google

Au début des années 1970, les Pères de la Révolution internet n'étaient encore que de grands enfants. Mais ils se gavaient de la modernité-gadget. Bill Gates ou Steve Jobs n'étaient pas très différents des autres jeunes de leur époque, même si Jobs, à la différence de Gates, se tourna vers les « expériences-limites » que nous proposaient alors les créateurs de paradis artificiels, d'Alan Ginsberg et de Timothy Leary jusqu'aux stars de la pop music. Le premier Macintosh s'élabora dès 1979, et sa sortie, en 1984, fut un séisme culturel. Un ordinateur personnel ! Voilà qui représentait enfin la liberté pour tous annoncée depuis la fin de la Seconde Guerre mondiale par la propagande du « progrès technologique au service de l'humanité ». Timothy Leary put en tirer un véritable éloge dans *Chaos et Cyberculture*, en 1996, qui développe les aspects libertaires du nouveau monde qu'annoncent – et créent dans le même mouvement – les *computers* reliés les uns aux autres en un réseau chaotique, garant supposé d'une infinie liberté.

C'était aussi la belle époque des idées généreuses, du web qui allait permettre aux paysans africains de se connecter pour savoir comment irriguer leurs champs ou quand semer leurs graines – depuis des millénaires, ils avaient tout fait de travers ! Dans les cercles les plus prestigieux[1], on proférait sans ciller ces fadaises retransmises par les médias, qui ignoraient qu'un quart de l'humanité au moins n'a aucun accès à l'informatique ou n'a même pas l'électricité.

Au-delà de cette confusion mentale, universitaire et médiatique, régnait l'idée que le tiers-monde – économique et culturel, comme le propageait l'Unesco – allait bientôt rejoindre, et même dépasser, le monde développé. Pour cela,

1 Dans son cours à l'École pratiques des hautes études, vers 1985-1986, Jean Rouch lui-même annonçait que l'ordinateur allait permettre au paysan africain d'améliorer ses récoltes.

quelques petits coups de pouce étaient nécessaires. Des ordinateurs allaient donc sauver le Sahel de la famine.

C'est aussi dans les années 1990 que la critique du développement commença à donner des signes de faiblesse. Durant les deux ou trois décennies précédentes, les ethnologues avaient montré la valeur fondamentale des cultures du tiers-monde, leur contribution majeure à l'histoire humaine et l'apport essentiel des Sauvages, comme ils les nommaient – un terme qui, à l'époque, était positif. Tout cela s'effrita avant de s'effondrer, remplacé par la mise en exergue de la « technologie » comme unique voie de progrès, seul moyen de sortir du « sous-développement » et de rejoindre les « pays émergents » dans la course à la modernité.

L'informatique n'est certes pas l'unique responsable de la situation actuelle. Mais peut-on estimer qu'Apple ou Google seraient de toute façon advenus, quel que fût le contexte géopolitique, et que l'informatique n'aurait pu exister autrement qu'elle n'est aujourd'hui ? Affirmer la fatalité de ce développement-ci relève d'une croyance, et non de l'analyse. À l'inverse : la contre-révolution culturelle s'est organisée sur tous les plans. La « convivialité Macintosh » est ainsi devenue une arnaque globale de premier ordre, promue par un gourou de magnitude planétaire. Depuis sa mort, des livres, des conférences, des vidéos, d'innombrables sites internet et des séminaires pour *happy few* sont consacrés à Steve Jobs, « iSteve » et ses SteveNotes. Pourtant, les dernières SteveNotes n'avaient plus grand-chose de commun avec l'idéologie présidant au premier Mac de 1984, parce que le contexte de 1984 n'était pas celui de fin 2011, au moment de la mort de Jobs. Entre-temps, le monde avait été pacifié et unifié en un Empire dominant. Est-ce un hasard si Apple, Google et Amazon sont… américains ? Les Chinois se contentent d'assembler les composants « pensés à San Francisco » ou depuis le Googleplex, l'autre centre de commandement majeur du cybermonde.

L'apparition de la tablette est une étape fondamentale dans la trajectoire impériale des Trois Dragons du cybermonde. Être moderne implique, outre la possession d'un smartphone, d'abandonner les poussiéreux opuscules à la critique rongeuse des souris et de se fournir en matériel informatique de pointe. Mais cette lecture sur tablette impose à Google, Amazon et Apple eux-mêmes un principe de base qui, au moment de la création du livre papier, n'était pas le premier souci des imprimeurs et des éditeurs : la nécessité de rentabiliser à tout coup les investissements, qui sont énormes.

Une tablette est en effet bien plus complexe qu'un livre, et la concurrence entre les trois mastodontes – et quelques outsiders – se situe sur une multiplicité de plans : à la fois éditorial (un tout petit peu), technique (beaucoup), commercial (énormément, surtout au sens « gestion de la communication de masse » par l'image que l'on donne de son entreprise) et stratégique (ne pas manquer les évolutions industrielles à opérer, ne pas les anticiper trop tôt...). Insistons : l'éditorial, là-dedans, ne joue qu'un rôle mineur. D'ailleurs, les grands éditeurs français se sont tous précipités pour signer des contrats avec *tous* les fabricants de tablettes et de liseuses, se plaçant eux-mêmes dans la position de dernière roue du carrosse digital : ce ne sont pas eux qui dictent les contenus, mais les offreurs de contenants qui les remplissent de toute façon, quel que soit l'éditeur...

Dans l'édition française, la contre-révolution s'est attachée à récupérer peu à peu le terrain perdu après les événements de mai et juin 1968. Les directions de collection, qui étaient aux mains de personnages souvent hors normes, sont revenues aux universitaires « reconnus » – pour ne pas dire « penseurs officiels de l'État ». Tout ouvrage de sciences humaines ou documentaire destiné à la jeunesse dut à nouveau s'assurer la caution d'un scientifique au-dessus de tout soupçon pour passer le barrage de la crédibilité. De plus, la peur panique de la manipulation, en s'emparant de tous les secteurs de la pensée, a cassé l'innovation éditoriale, tout en ouvrant la voie, dans d'autres domaines comme la médecine ou le religieux, aux aventures sectaires. Les groupes à adeptes et les gourous du prêt-à-penser ont trouvé leur vivier dans la masse des déçus de la science et de la connaissance intellectuelle. La perte du sens, de la réflexion, de l'envie de débattre font les beaux jours du consensus politique, lequel se construit sur ce vide intellectuel donné en spectacle par les médias.

À l'école, qui fut l'un des lieux de très forte tension entre le vieux monde et les aspirations à l'émancipation humaine, la contre-révolution a commencé en 1975 par l'instauration du collège unique, qui a débuté le processus de laminage par le bas de l'enseignement. Cette première réforme[1], du ministre Haby, a été suivie de nombreuses autres, à toutes les étapes, jusqu'au baccalauréat, avec toujours le même but : abaisser le niveau afin que la sélection par l'argent redevienne la seule base. Et cela a réussi car le consensus est quasi absolu : aujourd'hui, il n'existe pas une seule analyse de la baisse du niveau du baccalauréat qui prenne en compte le fait que les futurs bacheliers ont très souvent suivi des cours privés parallèles payants[2]. La bataille est féroce entre nostalgiques de l'école de jadis et chevaliers de la cyberécole, comme si l'enjeu n'était pas d'abord de comprendre comment on passe d'un monde à l'autre sans que jamais le véritable débat émerge. La privatisation de la réussite scolaire est allée de pair avec la fausse démocratisation de l'enseignement public. Cette contre-révolution poursuit sa route en cassant le peu qui reste d'égalitaire dans l'enseignement qui se prétend encore républicain.

---

1 Pour une critique fort bien argumentée de l'évolution de l'école depuis la réforme Haby voir, entre autres, les deux ouvrages de Marie-Claude Blais, Marcel Gauchet et Dominique Ottavi, *Conditions de l'éducation*, Paris, Fayard, 2008 et *Transmettre, apprendre*, Paris, Stock, 2014.

2 Lesquels sont déductibles des impôts des parents, ce qui a propulsé une entreprise comme Acadomia au hit-parade des entreprises très rentables et en pleine expansion, malgré un contexte de crise économique et financière profonde.

Dans la presse, dans le cinéma, dans les musées, dans le secteur associatif, tout ce qui faisait de la culture un instrument d'émancipation potentiel passe petit à petit sous le joug de technocrates, de gestionnaires, de dirigeants sans autre ambition que la gestion du quotidien et le culte de la communication[1]. Cette contre-révolution à l'œuvre demanderait des études sans cesse renouvelées, pour mettre en évidence et dénoncer les processus qui constituent un véritable suicide culturel au nom de rien d'humain : rien qu'une technologie, le numérique, avec le monde qu'elle dessine.

Il apparaît, dans une lecture politique et historique des années 1985 jusqu'à nos jours, que le numérique constitue l'une des armes les plus efficaces de la remise en ordre du paysage culturel mondial, dans un processus de glaciation consensuelle qui se pense comme la condition de l'avènement d'un monde nouveau et cherche par conséquent à nier toute opposition, à étouffer tout ce qui se situe à la marge.

1 En France, la « course aux subventions » que mènent les associations « citoyennes » ou socioculturelles dans une lutte sans merci en est l'illustration la plus parlante. Il faudrait également étudier dans le détail les objectifs des « actions » qui reçoivent des subventions, et mesurer la part de la communication dans ces budgets et les méthodes d'évaluation de leur réussite ou non, qui sont toujours à très court terme et le plus souvent fondées sur des résultats immédiatement visibles, d'où la nécessité de miser sur la communication – soit une spirale à proprement parler infernale, qui prétend nourrir la culture du peuple, mais qui ne nourrit que... les communicants !

Première convergence :
Des connaissances aux compétences et au-delà

Les compétences informatiques ne se substituent aux connaissances classiques qu'afin d'organiser une politique intégrale de l'ignorance généralisée. Ces transformations en profondeur fraient le passage à l'émergence du cybermonde.

L'abrutissement digital

L'informatique offre, à portée de clics, l'opportunité de tout savoir sur tout, depuis les données sociales, économiques et financières nécessaires aux technocrates jusqu'au prix du Coca-Cola dans les hypermarchés les plus proches. Au début des années 2010, les internautes recevaient en moyenne douze « alertes » par heure ; celles-ci les avertissent que l'un de leurs « amis » vient de mettre en ligne un nouveau message sur un réseau « social », qu'une lettre d'information à laquelle ils sont abonnés vient d'être mise à jour, que de nouvelles vidéos... de nouvelles blagues... un e-mail... Tout est disponible sur internet grâce aux progrès inouïs accomplis en quelques décennies dans les domaines de la transmission d'information – la fibre optique, les satellites... – ou dans celui de sa réception – vitesse d'affichage, écrans en couleurs, de plus en plus petits et d'une définition quasi parfaite. Cependant, une nouvelle question surgit, parmi les partisans même de cet outil symbolique qu'est l'ordinateur, indispensable à la Mégamachine : des études neurologiques et scientifiques qui se confirment les unes les autres prouvent à l'envi que les connaissances que l'on accumule grâce à l'ordinateur connecté à l'internet, dans leur mode même d'acquisition, ne font pas appel aux mêmes parties du cerveau que celles acquises par le biais de l'enseignement direct ou de la lecture d'ouvrages papier, et que nous n'en conservons pas les mêmes traces dans notre mémoire[1].

Certes, l'internet et l'informatique permettent d'acquérir des compétences nouvelles. Par exemple, l'individu peut développer comme jamais auparavant la connexion entre ses yeux et sa main – celle qui tient la souris, la seule qui ait encore une importance, car ce progrès nous a rendus manchots. Mais lorsque des scientifiques se livrent à des expériences sur ce qui reste acquis au bout de quelques heures passées sur le net, ils constatent avec une angoisse non feinte que leurs cobayes ne conservent que des savoirs anecdotiques[2]. Toutes leurs expérimentations montrent que l'internaute est victime des sollicitations apparues sur l'écran – notamment les mots hypertextualisés, sur lesquels il a envie de cliquer, même s'il est « concentré » sur le texte principal d'une étude –, et qu'il ne retient presque rien des textes sur lesquels il travaillait au départ. Les raisonnements s'évanouissent : nous voyons « des brindilles et des feuilles » sans comprendre l'arbre sur lequel elles bourgeonnent et duquel elles tirent leur sève, comme le dit Nicholas Carr, selon une image très juste[3].

Les résultats sont sans appel : l'acquisition de connaissances via l'informatique, dont les fameuses TICE (Technologie de l'Information et de la Communication appliquées à l'Enseignement) sont le fer de lance en France via le ministère de l'Éducation nationale, n'est pas de même nature et n'aboutit pas aux mêmes acquisitions que ce qu'offraient les méthodes précédentes. La généralisation de l'internet dans les pays développés vérifie l'intuition de McLuhan : le mé-

1 Nicholas Carr, *The Shallows. What the internet is doing to our brains*. En Français, *L'Internet rend-il bête ? Réapprendre à lire et à penser dans un monde fragmenté*, Paris, Robert Laffont, 2011.

2 *Ibid.*

3 « Nous ne voyons pas la forêt lorsque nous cherchons sur le web. Nous ne voyons même pas les arbres. Nous voyons des brindilles et des feuilles ». On peut consulter aussi, de Cédric Biagini, *L'Emprise numérique*, Montreuil, L'Échappée, 2012 ; l'auteur y dresse un panorama complet des griefs que ceux qui regrettent l'ère d'avant le numérique lui opposent.

dium lui-même finit par modifier non seulement notre façon de nous informer, mais aussi notre capacité à apprendre et jusqu'à notre manière de penser et de raisonner. Le médium est le message, comme disait McLuhan[1], ou, plus précisément : le médium est le message du pouvoir, de celui qui détient le pouvoir de décider ce qui se propage sur les réseaux digitaux, d'où l'importance du combat pour la liberté sur les « autoroutes de l'information », contrôlées par les fournisseurs d'accès.

La Mégamachine cherche à former les intellectuels dont elle a besoin pour son service, sa propagande, son règne – les intellectuels qui la servent constituent le socle de cette idéologie et de ce système social et productif qu'est la Mégamachine ; ils en énoncent le dogme, lui donnent corps, la font exister. Ce n'est pas un complot, c'est un système qui tourne sans trop de heurts. Le médium informatique n'est pas neutre : il est celui du cybermonde. Et si les révolutions de l'informatique et de l'internet bouleversent les modes de lecture, de culture et d'apprentissage, cela ne prouve rien en soi, puisqu'après tout, un système qui produit les individus qui le font fonctionner et qui l'aiment est une réussite. Les technophobes s'emportent trop vite contre ce système si, dans le même temps, ils ne parviennent pas à dire ce que le système représente sur un plan politique et éthique. C'est là que peut se juger un système : à l'aune de l'éthique qu'il propage et de la politique qu'il met en place. Nous emmène-t-il vers l'émancipation ou vers la perpétuation de la domination, sous de nouvelles formes ?

C'est une banalité que de constater que les enfants ne lisent plus comme leurs parents, qu'ils sont rivés à leurs écrans, dans tous les pays développés. Comme le disait Hannah Arendt[2], l'enfant a besoin d'être protégé pour « éviter que le monde ne puisse le détruire », mais le monde lui aussi

1 Marshall Mc Luhan, *Pour comprendre les médias*, Paris, Seuil, 1977.

2 Dans *La Crise de la culture*, Paris, Gallimard, 1972.

a besoin d'une « protection qui l'empêche d'être dévasté et détruit par la vague des nouveaux venus qui déferle sur lui à chaque nouvelle génération ». À notre époque et alors que les nouvelles techniques, vite assimilées par les jeunes générations, semblent menaçantes aux adultes qui ne les maîtrisent pas, cette thèse débouche en droite ligne sur une position politique conservatrice, caractérisée par une technophobie réactionnaire. On la rencontre, en toute logique, parmi les personnes les plus âgées, mais pas seulement : cette vision passéiste traverse çà et là de nombreux éléments du corps social, jusqu'à contaminer quelques technophobes proches des cercles de l'écologie la plus radicale.

Les générations précédentes pouvaient encore communiquer entre elles, car les évolutions techniques ne se succédaient pas à un rythme aussi effréné ; de nos jours, si des grands-parents veulent communiquer avec leurs petits-enfants, une seule solution : l'ordinateur relié à l'internet. Finie l'ère des lettres manuscrites ! Place à des logiciels, à condition qu'ils soient compatibles entre eux, car la course folle du capitalisme condamne des générations d'ordinateurs, comme de véhicules à moteur ou d'appareils ménagers, à une obsolescence quasi instantanée. Ainsi, ce que l'on appelle la fracture numérique – qui est davantage un choc culturel qu'une incompréhension technique – s'accroît au lieu de se combler, non seulement entre pays fortement connectés et pays peu ou très peu connectés, mais aussi, dans tous les pays, entre individus connectés et individus non connectés. Elle produit une division sociale réelle entre classes d'âge, qui préfigure une dissolution de la société – ou peut-être est-ce déjà le cas.

Mais une autre interprétation existe, qu'il n'est pas possible d'écarter sans plus de considération : si toute la difficulté à prendre le virage du numérique n'était que l'affaire d'une ou deux générations ? Lorsque les digital-naïfs – les jeunes connectés dès le berceau aux écrans – seront devenus adultes et même vieux à leur tour, cette fracture ne se résorberait-elle pas d'elle-même ?

Pourquoi écarter cette hypothèse, ainsi que le font les technophobes ? Elle est loin d'être irréaliste, et est même des plus inquiétantes. Ce ne serait donc pas dans la stricte adaptation des humains aux outils qu'ils se fabriquent que devrait se déployer la critique du cybermonde. Il s'agirait plutôt d'éthique, de politique et de révolution. Nous devrions anticiper ce que sera le cybermonde du point de vue de l'émancipation humaine, et non pas seulement nous borner à la critique d'un petit changement de paradigme accompli à toute allure...

L'accélération du temps se présente comme un des défis fondamentaux que lancent l'internet et l'émergence du cybermonde. Ce temps sans durée[1] sert le système dans un premier mouvement puisqu'il lui permet, semble-t-il, d'asseoir son pouvoir par la force de la vitesse : ceux qui ne suivent pas tout de suite ne pourront plus prendre en marche le train du numérique et seront définitivement marginalisés au profit des digital-naïfs. Mais l'accélération du temps entraîne aussi une obsolescence très rapide de tout, y compris des sources d'information qui ne relèvent pas de l'internet. Et les technobureaucrates ne peuvent qu'assister, impuissants, à cet emballement. Ainsi que le proclamait Günther Anders dès 1956, nous assistons à l'*obsolescence de l'homme* – comme si nous n'étions plus que de vulgaires rouages mécaniques dans un processus qui ne relève déjà plus de notre volonté[2] – ce qui constitue une excellente définition de la Mégamachine.

Outre la vitesse, l'autre atout de la culture numérique est l'accumulation inouïe, grâce à l'outil prodigieux qu'est le

1 Voir Paul Virilio, *Cybermonde, la politique du pire*, Paris, Textuel, 2001. Pour notre part, nous avons esquissé une critique de la vitesse dans un documentaire pour la jeunesse, *Demain le monde*, Paris, La Martinière, 2007, hélas l'un des très rares documentaires à aborder – modestement – cette question.

2 Günther Anders, *L'Obsolescence de l'homme. Sur l'âme à l'époque de la deuxième révolution industrielle (1956)*, Paris, Encyclopédie des Nuisances/Ivrea, 2002.

moteur de recherche, d'informations vraies et fausses, qui s'empilent les unes sur les autres à un rythme vertigineux. Cette accumulation fait sens dans l'univers de la culture numérique : un sens mécanique et quantitatif, qui se nourrit de la perte progressive du raisonnement qualitatif qu'elle implique. L'accumulation d'informations microscopiques, le nombre des sources, même si elles se recoupent la plupart du temps en donnant naissance à des fausses rumeurs à répétition[1], et le nombre de pages web consultées font office de sérieux. La quantité devient garante de la véracité de l'écrit; des rapports et des articles s'écrivent sur la base du plus grand nombre possible d'informations glanées sur le web; la manipulation devient l'art de propager massivement n'importe quelle assertion sur la Toile, selon toutes les possibilités du moment.

Dans cette course folle à l'amoncellement de données, la mémoire humaine n'a plus aucune valeur. Il nous est impossible de nous souvenir de tout; tout juste nous rappelons-nous le chemin informatique pour aller vers telle donnée. C'est cette défaillance humaine, trop humaine que pallie le fabuleux moteur de recherche. Notre perte de mémoire est encore plus marquée que lors du passage de la mémoire orale à la mémoire écrite, car écrire à la main et lire ce qu'on est en train d'écrire demande un temps certain, permettant à la mémoire et à la réflexion de faire leur travail. Désormais, cela même n'est plus possible : la mémoire devient une pure fonction informatique que nous déléguons sans plus de précaution à nos ordinateurs, aux moteurs de recherche et au

1 Ce qui favorise la propagation de légendes du web, des *fakes*, par la multiplication des informations qui ne citent pas leur source. Un exemple parmi d'autres : en 2005 a couru la légende selon laquelle la violence conjugale était la principale cause de décès des femmes en Europe; l'« information » fut relayée par une large part des médias, y compris *Le Monde diplomatique*. Il ne s'agissait pourtant que d'une prise de position d'une députée polonaise au Parlement européen, totalement contredite par la réalité mais que très peu de journalistes allèrent vérifier, ce qui contribua à sa propagation inouïe (ce sont les cancers et les maladies diverses qui sont, et de très loin, la première cause de mortalité des femmes).

cloud, puisque tel est le rôle du nuage informatique : devenir le non-lieu de la mémoire du monde et des humains.

Quelle émancipation par la culture ?

La culture dominante est comme toujours la culture de la classe dominante, ainsi que le proclame la vulgate marxiste. À notre époque, les outils culturels numériques proposés par la classe dominante restent des *outils de contrôle et de domination*, tandis que la propagande vantant notre prétendue libération individuelle grâce aux outils informatiques est permanente. Or, la culture n'est pas en soi libératrice, même si elle a pu produire des dépassements et annoncer d'autres mondes, meilleurs dit-on que ceux qui les avaient précédés. Encore faut-il caractériser la position à partir de laquelle la culture a joué un rôle positif dans l'histoire.

La culture comme libération et émancipation : cette thèse conditionne toute la pensée du progrès politique, et les révolutionnaires, en inventant dès 1789 le concept d'Ancien Régime, montraient bien qu'un nouveau monde émergeait. Le leur. S'appuyant sur les idées issues des Lumières, la Révolution prouvait qu'une culture novatrice pouvait renverser un régime absolutiste. L'idée de la culture comme outil de *libération* s'imposa, et perdure de nos jours. Pourtant, n'est-elle pas à reconsidérer, dans la mesure où les idéaux grandioses de 1789 débouchèrent très vite sur les atrocités de la Terreur de 1793-1794, et que la culture issue des Lumières se rangea finalement au service de l'oppression[1], pour y rester ?

Il serait plus juste de dire que la culture, outil de libération, peut rapidement s'avérer un outil de domination dès lors qu'elle passe au service du pouvoir. La vraie dialectique n'est pas entre passé et avenir – que l'on considère l'avenir

1 Saint-Just en étant la meilleure illustration. Voir « Bienvenue dans le nouvel ancien monde, le cybermonde », p. 13. Voir aussi Philippe Godard, *Qui sont les terroristes ? Déclarations et documents inédits*, Paris, Syros, 2009.

comme libérateur, ainsi que le proclament les technophiles, ou que le passé soit vu de façon positive, par exemple par les admirateurs de la civilisation du papier imprimé. Ce qui l'emporte dans cette dialectique est de savoir si la culture se situe dans le consensus ou à la marge.

Tant que la culture des Lumières s'opposa à l'arbitraire royal et resta marginale parce que limitée aux foyers d'une certaine bourgeoisie et d'une petite part de la noblesse, elle sut tisser de grands idéaux. Une fois étendue à la Nation par la force des baïonnettes et la crainte de la guillotine – une fois devenue la charpente idéologique du nouveau consensus –, elle perdit tout son pouvoir et devint un instrument d'oppression et de mensonge, comme la culture de la noblesse l'avait été avant elle ; elle consacra l'hypocrisie comme meilleur mode d'exercice du pouvoir dit républicain et démocratique – cette culture des Lumières en est restée un facteur déterminant, encore de nos jours.

L'actuelle culture numérique est un outil d'oppression ni mieux ni pire que les autres variantes culturelles qui l'ont précédée. Toute la question est de savoir si elle pourra longtemps soutenir l'effort de propagande et d'abêtissement dont le cybermonde semble avoir besoin pour survivre. Car l'empilement d'informations que permet l'internet, parce qu'il modifie le rôle du cerveau humain, implique une évolution dans laquelle le système pourrait bien s'empêtrer, voire se disloquer, à moins qu'à l'inverse n'advienne le fameux règne des machines décrit par tant d'œuvres de science-fiction[1] ?

Vers le monopole de l'intelligence artificielle ?

L'informatique n'est pas un outil comme les autres. Elle ne prolonge pas, comme le marteau ou la faux, nos bras et

1 Par exemple Karel Capek, *R.U.R. Rossum's Universal Robots*, Paris, La Différence, 2013.

nos mains, ou, comme les jumelles, nos yeux. L'argument fondamental de l'augmentation ou du prolongement de nos membres et des organes des sens n'est vrai que pour certains outils. Son extrapolation à l'« outil informatique » ne tient pas car l'informatique se veut le prolongement de notre cerveau, de notre mémoire, de notre intelligence, de notre aptitude à raisonner. Toute l'humanité de l'humain se joue là.

Dès la fin de la Seconde Guerre mondiale, le mythe de l'« intelligence artificielle » s'est emparé des scientifiques, d'Alan Turing[1] jusqu'aux actuels transhumanistes[2]. De nos jours, nous entendons plutôt parler d'« IA » afin de gommer le sens profond du mot « intelligence », ramenée au seul QI – autre sigle – et à la capacité de calcul. Comme le pensait Orwell, l'utilisation des sigles et leur répétition incessante dans les articles, les ouvrages et les colloques permettent d'estomper le sens profond des mots qu'ils dissimulent : l'« IA », ce n'est déjà plus de l'intelligence, de l'humain; nous nous situons bien au-delà, dans le monde de l'abstraction pure.

Tant qu'un humain battait un ordinateur aux échecs, les adeptes de l'IA se sentaient blessés, mais depuis qu'un simple modèle commercial a maté le champion du monde, la hiérarchie humain-machine est, pour eux, enfin respectée. Le jeu d'échecs n'est qu'un exemple de cette fascination suicidaire pour la capacité de calcul de la machine, qui est en effet

1 Alan Turing (1912-1954), mathématicien britannique, a permis l'apparition de l'informatique par ses recherches sur une machine qui pourrait « tout » calculer, et qui, depuis, porte son nom. Il est devenu célèbre pour avoir permis le déchiffrement de la machine à crypter Enigma utilisée par les Allemands durant la Seconde Guerre mondiale. Lorsqu'il s'intéressa à la biologie, il modélisa le vivant comme on modéliserait un objet inorganique, dévoilant ainsi la philosophie profonde du cybermonde (voir par exemple *Docsciences*, n° 14, une revue éditée par l'Éducation nationale, juin 2012).

2 Les transhumanistes soutiennent qu'au-delà de l'humain, désormais inadapté à sa mission universelle, va naître un « transhumain » qui utilisera toutes les découvertes scientifiques pour augmenter sa durée de vie et ses capacités physiques et intellectuelles. La quête de l'immortalité n'est que l'une des nombreuses inepties soutenues par les transhumanistes. Voir le film de Philippe Borrel, *Un monde sans humains ?*, Arte-TV, 2012.

supérieure en vitesse à celle du cerveau humain mais n'a rien à voir avec l'intelligence.

Pour les partisans de l'IA et pour parler leur novlangue, l'ordinateur est l'avancée majeure du dernier demi-siècle, surtout depuis qu'il est relié au web. Bientôt, notre cerveau serait libéré des tâches imbéciles et avilissantes ; il se consacrerait à la création d'un cerveau collectif, fonctionnant grâce à l'adjonction d'outils fantastiques, d'une puissance infinie, sans commune mesure avec notre cerveau individuel. L'IA est en réalité la grande affaire de la science actuelle, même si l'on en parle peu, et elle est en toute logique l'une des grandes espérances du cybermonde. Cette forme machinique d'appréhension du monde est au cœur d'entreprises gigantesques comme le déchiffrement du génome humain : les humains étant ramenés à de simples assemblages d'ADN et d'ARN, il ne reste plus qu'à en reconstruire de plus parfaits, dotés d'une IA. Tout le contraire d'une émancipation humaine et collective.

Inutile de redire que l'utilisation massive d'outils-machines prolongeant nos mains a entraîné une perte des savoir-faire. Les technophiles y voient la marque du progrès puisque ces savoir-faire manuels sont devenus des tâches accomplies par des machines et des outils de plus en plus performants. Pourtant, les savoir-faire manuels ont disparu sans que l'activité cérébrale des individus ainsi dégagés de ces basses besognes ait vraiment connu une hausse qualitative sensible. Le travail à la chaîne l'illustre, qui abrutit l'ouvrier au point de l'empêcher de penser ; à un niveau général, l'appauvrissement du débat politique dans l'ensemble des démocraties et l'abêtissement médiatique général sont deux autres marques évidentes de cette perte du sens. Dans le cas de notre cerveau prolongé puis dépassé par l'IA, il s'agira de transférer les activités qu'il accomplit moins bien que les machines, comme la mémoire, le calcul ou l'analyse de masses de données, afin de lui laisser de l'espace pour « autre chose ». Cette

« autre chose » ne se nourrit-elle pas de la vie quotidienne des humains ? Peut-on vouloir l'émancipation du genre humain si l'on n'a sous les yeux que le spectacle du cybermonde retransmis sur écran[1] ?

L'intelligence artificielle se présente comme le transfert de ce qu'il y a de plus profond en l'homme vers une machinerie globale. Nous pouvons imaginer que, de même que pour tous les autres outils prolongeant les membres humains, notre cerveau ainsi équipé en permanence de prothèses perdra son savoir-faire, c'est-à-dire sa mémoire et son aptitude à réfléchir, à penser le monde, à le critiquer. Ce savoir-faire intellectuel de notre cerveau est, de l'aveu de tous les scientifiques, ce qui permet aux êtres humains de vivre, s'ils en ont conscience, une existence exaltante, et non réduite à la survie. Certes, le cerveau et la pensée, le souvenir et les sentiments ne sont pas l'apanage de l'humain, comme le montrent les études sur l'empathie animale[2], y compris celles qui, en génétique, ont montré la très proche parenté entre le chimpanzé et l'*Homo sapiens* – ce singe serait plus proche de nous que du gorille, en termes génétiques[3]. Ce n'est pas une raison, bien au contraire, pour sacrifier nos savoir-faire cérébraux sur l'autel du cybermonde, et pour les réduire à rien sous prétexte qu'une intelligence artificielle nous permettrait de les amplifier.

Les amplifier dans quelle direction ? Là apparaît le caractère profondément totalitaire du progrès par les machines : le cerveau humain relayé par l'intelligence artificielle, rendu obsolète, n'aurait plus aucune tâche à accomplir, et retournerait à un état larvaire, anticipé par Aldous Huxley dans son *Meilleur des mondes*. Ce qui reste d'humain en nous serait

1 Thèse soutenue avec brio et légèreté dans le film *The Truman show*, de Peter Weir (1998) avec Jim Carey. À noter qu'en français, le sens du nom « Truman », « vrai homme », nous échappe, le titre restant en anglais.

2 Voir Frans de Waal, *L'Âge de l'empathie*, Paris, Actes Sud, 2011.

3 Laurent Cohen, *Pourquoi les chimpanzés ne parlent pas*, Paris, Odile Jacob, 2009.

annihilé par la technologie. Le rêve d'une intelligence artificielle s'accomplirait d'une manière que n'avait pas imaginée Alan Turing : les machines n'acquerront jamais une intelligence ressemblant à celle de l'humain, mais l'intelligence des humains, connectés aux machines, s'abaissera à un fonctionnement strictement machinique. Ce qu'illustre le mythe des objets dits intelligents.

Quand notre poubelle, par exemple, photographie ce que nous y jetons pour le retransmettre aussitôt à nos « amis » Facebook ou nos *followers* sur Twitter, tout cela dans le but de nous faire adopter un comportement écoresponsable, la technique contraint une partie de notre comportement, en nous culpabilisant – ce qui est la pire voie pour faire évoluer l'humanité vers une vie plus digne. Les outils numériques deviennent alors des corsets dans lesquels nous devons nous couler. Une brosse à dents qui nous dénonce à notre dentiste parce que nous ne l'utilisons pas assez ou un réfrigérateur qui achète pour nous ce dont nous avons « besoin » sont des carcans techniques mais pas seulement : ce type de contrainte relève d'une idéologie, d'une culture qu'on peut dire totale, puisqu'elle prétend nous contrôler jusque dans nos gestes les plus intimes, au nom de notre bien. Ce n'est plus la machine qui se hausse à la hauteur de l'humain, comme l'ont espéré certains adorateurs du Progrès, mais l'humain qui s'avilit jusqu'à n'être plus qu'une machine. Jusqu'à la perspective d'un monde sans humain ?

Le quantitatif permis par l'informatique et l'internet évacuerait de nos pensées, de nos sentiments, de nos actes tout ce qui reste et restera de l'ordre du qualitatif. Se vérifierait alors l'intuition de Francis Fukuyama de « la fin de l'histoire » humaine. D'autant que, comme il le soutient dans son *Dernier Homme*[1], les découvertes technoscientifiques nourrissent le capitalisme : le réfrigérateur et le four à micro-ondes valent

1 Francis Fukuyama, *La Fin de l'Histoire et le dernier homme*, Paris, Flammarion, 1992.

adhésion à un consensus, technologique, et à un mode de vie, capitaliste... L'architecture idéologique permettant le passage au transhumain est d'ores et déjà en place.

Cerveaux humains versus *logiciels et algorithmes ?*

Cependant, il n'est pas certain que l'apparent triomphe actuel du monde machinique soit si achevé que le système technicien, qui en constitue l'ossature intellectuelle, n'ait plus besoin de penseurs humains, rien qu'humains. Le système technicien nécessite sans cesse d'être peaufiné afin d'en dépasser les contradictions qui le minent et pourraient le mener à sa ruine. Le système ne peut donc s'améliorer qu'à la condition que soient formés, encore et toujours, des cadres humains. Or, le système devenant d'une complexité diabolique, un gouffre se creuse entre ceux qui construisent le système et la masse des autres. Surtout, un autre gouffre immense sépare désormais ceux qui n'ont plus les moyens intellectuels pour penser leur situation face à cette Mégamachine, et ceux qui réfléchissent à leur position, le plus souvent pour en tirer parti, parfois pour la déplorer et combattre la domination.

Dans un pays comme la France, le système de sélection scolaire organise cette béance entre ivraie et bon grain en effectuant un tri sans concession aux différentes étapes du parcours des jeunes. Or, les « élites » que forme le système pour sa perpétuation s'appuient sur les autres médias que l'internet et l'informatique pour assurer leur position de domination : le livre – encore ! –, la transmission orale par les pairs dans les cercles d'amis et les familles afin de peaufiner la capacité à s'exprimer en public, sans oublier la culture classique, du théâtre à la musique en passant par le cinéma. Les purs produits de la culture classique organisent la généralisation de la culture numérique – intéressante contradiction...

Nous serions dans une situation assez peu différente, en qualité, de ce qui se passait au Moyen Âge, lorsque le savoir déterminant – celui dont Lewis Mumford[1] a démontré qu'il était à l'origine, en Occident, du « mythe de la machine » sous l'esclavage duquel nous vivons de nos jours – était celui des moines et s'exprimait en latin, par l'écriture et non par l'oralité. Certes, l'Histoire ne se rejoue jamais à l'identique ; cependant, la contradiction n'est pas sans intérêt : le Moyen Âge n'a pas résisté, dans ses structures fondamentales, à l'invasion de la civilisation technique, parce que les élites qu'il produisait ont fini par donner elles-mêmes à leurs critiques les armes dont ceux-ci avaient besoin. Les moines, en copiant des textes coupés du réel – la Bible et autres ouvrages pieux en latin – ont démontré qu'ils étaient eux-mêmes en dehors du réel. Or, les paysans n'étaient *que* dans le réel, travaillant dur pour nourrir quantité d'improductifs, adeptes des bibles en latin... On peut aujourd'hui estimer que parmi les élites actuelles, et pour des raisons faciles à comprendre – le refus de la faim de milliards d'humains, la critique radicale de l'abondance de marchandises superflues et nuisibles dans un monde si peu riche par ailleurs, et tant d'autres constats qui se placent d'un point de vue humain et non technique –, émergent en ce moment des individus critiques de ce monde, de plus en plus aptes à trouver les voies pour communiquer leur scepticisme et leur propre vision de l'émancipation. Et que, devant la faillite humaine du cybermonde, ces critiques vont enfin trouver les alliés qui abattront avec eux le système qui nous broie.

Telle est la perspective plausible – parce que déjà réalisée à travers l'histoire – d'un dépassement concret du monde actuel. Aujourd'hui, le cybermonde n'est pas la continuation et l'amélioration du monde technicien qui nous aurait libérés

1 Lewis Mumford, *The Myth of the Machine*, New York, Harvest/HBJ Books, 1964, et *La Cité à travers l'histoire*, Marseille, Agone, 2011, sont deux ouvrages essentiels pour toute critique de la technique (voir aussi : *Les transformations de l'homme (1956)*, Paris, Encyclopédie des Nuisances, 2008). Voir aussi Jacques Ellul, *Le Bluff technologique*, Paris, Hachette, 2012.

des prétendus temps obscurs et croyances absurdes du Moyen Âge ; le cybermonde est certes la continuation de l'Âge des machines apparu au XVIIIe siècle, mais, à l'inverse d'un processus libérateur, il est fondé sur des mythes manichéens dont le moindre n'est pas la croyance en la toute-puissance de la Machine. Le cybermonde est Prométhée sans l'imagination des artistes créateurs du Moyen Âge et sans la richesse des controverses intellectuelles de cette époque ; il est Prométhée ayant emprunté les visions les plus réactionnaires à la religiosité bigote de toutes les époques. La Machine est un dieu-Moloch, abrutissant et pervers, qui dévore y compris ses sectateurs.

À la Renaissance, les critiques de cette ossification du monde avaient pourtant mis fin au règne des prétendues élites médiévales[1]. Le peuple l'a emporté, la langue parlée a écarté le latin, les techniques agricoles fondées sur l'observation des cycles ont écarté les visions idéologiques d'un dieu tout-puissant, nourrissant ou punissant son troupeau. Mais voici que, par un banal retournement du sens, les tenants de l'ossification du réel par la « fin de l'Histoire » – téléologie ridicule de la modernité prêchant la fin de notre lutte pour l'émancipation – ont de nouveau l'avantage : l'émergence du cybermonde est à la fois l'illusion de la nouveauté et le retour d'une culture de l'impuissance – notre impuissance à prendre notre destin en mains, en le confiant aux Machines.

Cependant, la perspective de la permanence d'un état de crise sociale, économique et culturelle, nécessaire à ce système pour survivre, constitue une nouvelle menace, la plus sévère pour son développement.

1 La richesse de Rabelais est révélatrice des profondes tendances émancipatrices de l'époque, hélas vaincues par le conformisme littéraire des humanistes à la mode érasmienne, qui voyait dans l'écriture et l'admiration des Anciens la seule voie de progrès. Voir Émile Durkheim, *L'Évolution pédagogique en France*, cours de 1905, Paris, PUF, 1969.

L'école, antichambre du métro-boulot-conso-dodo

L'école a toujours été un lieu de reproduction de la domination par le biais des élites qu'elle formait ; en même temps, elle a toujours été un lieu d'émergence de la contestation. Elle formait les cadres du système, tout en laissant s'échapper ceux qui allaient le contester et développaient idées et méthodes pour le saper à la base. Le rêve de tout tyran est sans doute de créer une école qui ne soit plus qu'une illusion de liberté, ne formant qu'une armée de soldats à sa botte.

La culture numérique nous force à repenser les instruments que l'école va utiliser sans que son rôle de reproduction sociale bouge le moins du monde. Une bataille est engagée à travers les réformes scolaires et l'imposition de nouveaux types de matériels, informatiques bien entendu, impliquant une adaptation des contenus. Il s'est produit, dans les établissements scolaires français des années 2000, une « tiers-mondisation » de l'école, une réorientation vers un appauvrissement culturel. Certes, nos enfants ne sont pas des enfants travailleurs, mais on ne leur propose, à terme, à eux aussi, qu'une seule destinée : travailler. C'est ainsi que des enseignements strictement culturels, sans aucune utilité pour le marché, ont quasi disparu, comme le grec ancien, et même, dans certaines sections, l'histoire[1].

Cette dernière matière est emblématique de la lutte pour l'émancipation humaine. C'est une banalité de rappeler que nous ne pourrons comprendre notre présent et imaginer un avenir positif qu'à la condition de regarder le passé et en tirer quelques conséquences pour notre vie, nos engagements, notre politique, notre éthique. L'histoire en tant qu'enseignement a été tronçonnée, certains pans fondamentaux de l'histoire récente, qui permettent de comprendre l'évolution sociale et politique de notre monde, ont été tout simplement supprimés, comme les causes de la Seconde Guerre mondiale

1 Voir Philippe Godard, *Au travail les enfants !*, Paris, Homnisphères, 2008.

qui ne sont plus enseignées ni au collège ni au lycée. Il n'est pas outrancier d'affirmer que le programme d'histoire n'a plus grand-chose à voir avec ce dont chaque élève aurait besoin pour se former une vision critique du monde.

Les matières culturelles – les plus évidemment inutiles sur le marché du travail – ne sont plus enseignées. Une langue vivante comme l'arabe, parlée potentiellement dans ce pays par 5 millions de personnes, grande langue de culture, n'est quasiment pas enseignée dans les établissements secondaires de la République[1], ou alors l'est par des « professeurs » payés par la Tunisie, l'Arabie Saoudite et le Maroc, trois pays modèles en matière de démocratie. Pire encore : on estime à 100 000 le nombre de jeunes Français apprenant l'arabe dans des écoles coraniques, contrôlées pour l'immense majorité d'entre elles par les tendances les plus réactionnaires de l'islam.

En français, l'argumentation, volet fondamental des enseignements du collège, a presque entièrement disparu des programmes puisqu'on ne l'étudie plus qu'en troisième, alors qu'en 2005 encore, elle commençait dès la sixième. Le résultat ne s'est pas fait attendre : il est extrêmement difficile, dans une classe de troisième, d'organiser un débat sur un sujet simple, même en utilisant comme base un extrait de film, ce qui entraîne pourtant une bien meilleure expression des élèves que l'étude d'un texte[2]. De nombreux enseignants témoignent de la difficulté de leurs élèves à se concentrer ne serait-ce qu'une demi-heure sur le texte d'un roman.

L'objectif de l'école se résume désormais à un seul axe : apprendre à travailler. Pour une ambition aussi limitée, de simples compétences suffisent. Une masse de connaissances

1 Il y avait, en 2014, 4800 collégiens et lycéens recevant, en France, un enseignement de langue arabe dispensé par un professeur payé par l'État français, face à environ 30 000 élèves en ELCO (Enseignement de Langue et Culture d'Origine), cours réservé aux élèves d'« origine » étrangère et dont les enseignants sont payés par le Maroc, l'Arabie Saoudite, la Tunisie (ou encore la Turquie pour le turc, etc.).

2 Expériences personnelles depuis 2003 dans de nombreux collèges. Voir aussi *Tentative d'un « nous sommes » temporaire*, sur le site contrebande.org.

serait à l'inverse déstabilisante pour l'enfant – subversive pour l'ordre social !

Dans *Le Meilleur des mondes*, Huxley expliquait que le bonheur vient facilement : il suffit d'être conditionné. Un epsilon-moins cloné pour vivre dans la poussière et la chaleur de la mine ne sera heureux qu'au fond de la mine ! C'était de la science-fiction mais, en 2012, dans *L'Empire de l'illusion*[1], Chris Hedges décrit comment l'illusion est distillée, proposée, imposée (jamais par la force), en lieu et place de la réalité. Les Américains sont, selon lui, déjà en train d'opérer cet accouplement monstrueux du réel et de l'illusion, qui les empêche de simplement penser leur propre existence. Nous ne parlons même pas ici de « retrouver chacun le monopole sur l'emploi de notre propre vie », programme des années 1970 désormais bien trop « révolutionnaire » ; il s'agirait, en toute modestie, de nous contenter de comprendre le monde dans lequel nous vivons.

Dans son best-seller (de l'autre côté de l'Atlantique) *The Dumbest Generation*[2], Mark Bauerlein trace un portrait atterrant du niveau d'inculture de ses étudiants, cette « génération très bête ». À notre époque, on ne sait plus grand-chose, et cela n'est pas grave en soi puisque, même en ne sachant pas grand-chose, on peut travailler, consommer, et parfois s'enrichir – voire devenir président de la République française ou des États-Unis d'Amérique. Nous en venons à appeler « vivre » toute traversée de l'existence par et pour la consommation.

Nous en sommes arrivés là par un enchaînement de décisions, de renoncements et de contraintes plus ou moins fortes. Et il ne s'est pas trouvé beaucoup de décideurs culturels pour comprendre ce qui se passait, opposer un refus et orienter dans une voie différente notre avenir, notre culture collec-

1 Chris Hedges, *L'Empire de l'illusion. La mort de la culture et le triomphe du spectacle*, Montréal, Lux éditeur, 2012.

2 Mark Bauerlein, *The Dumbest Generation*, New York, Jeremy P. Tarcher/Penguin, 2008.

tive. Rien ne sert de regretter un temps disparu : le passé n'a pas été très émancipateur lui non plus, et il a débouché sur ce présent dont il portait le germe.

Il ne serait plus contestable que le capitalisme est le meilleur de tous les systèmes économiques. Cette idée a entraîné en quelques décennies un effondrement des valeurs qui avaient fondé la démocratie républicaine – laquelle n'a rien à voir avec le capitalisme, et la réciproque est encore plus vraie : le capitalisme s'accommode tout à fait d'un système dictatorial[1], ce que nous ne méditons pas assez, convaincus que le totalitarisme est une horreur du passé qui ne reviendra plus.

Le capitalisme est un système dans lequel s'imposent la bêtise plutôt que l'intelligence, la peur plutôt que l'audace, le conformisme plutôt que l'imagination, le consensus plutôt que la liberté de parole et d'opinion, qui restent à la marge. Pour forcer les débordements et les malaises à rentrer dans l'ordre et le silence, la répression sous toutes ses formes s'impose partout. Contre la répression, nous ne connaissons, dans l'histoire récente de l'humanité, qu'un seul antidote qui permette de dépasser la bêtise, le triomphe de la force, de la violence, des armées, des mercenaires : la culture et la connaissance – et encore, pas n'importe quelle culture, et même cela n'est encore pas suffisant, comme l'a montré l'Allemagne des années 1930. Mais nécessaire, oui !

C'est donc l'éducation et la culture que les dirigeants tentent de rendre inutiles et obsolètes. Dans cette variante molle du totalitarisme que nous subissons, la politique est soumise à l'économie, avec toujours, comme roue de secours, l'hypothèse inverse, dictatoriale classique et dure, dans laquelle l'économie passe tout entière au service du politique, comme dans les systèmes fasciste, nazi, maoïste ou stalinien. Pour nous accoutumer à ce déni intégral de démocratie, il

1 C'est l'une des thèses défendues dans son ouvrage par Francis Fukuyama, et il n'est pas le seul à soutenir cette vision.

suffit de garder les apparences de la démocratie tout en la vidant de son contenu.

Le rôle de la culture comme aiguillon disparaît; l'école elle-même ne sera bientôt plus là que pour former de futurs adultes à un travail adapté aux seuls prétendus impératifs économiques. La recherche de l'argent, du pouvoir et de la célébrité sont les illusions auxquelles devront se shooter les jeunes des banlieues comme ceux des centres et autres désespérés, prêts à en accepter les variantes les plus médiocres. On recherchera l'argent, même malhonnête, ou encore la célébrité y compris s'il faut en passer par l'humiliation de n'être que le maillon faible d'une émission de téléréalité. Une partie de ce programme est déjà entrée dans le consensus – une partie seulement.

À l'école des seules compétences

Le travail devenant l'alpha et l'oméga de l'existence sous la tyrannie du marché mondial, et la consommation étant la carotte qui nous fait accepter de sauver ce système qui nous broie, il est d'une logique imparable d'imposer l'acquisition de compétences comme seul programme scolaire. Peu à peu, le système nous y prépare. Toutes les réformes et toutes les évolutions de l'Éducation nationale depuis la réforme Haby de 1975, instaurant le collège unique en lieu et place des collèges d'enseignement supérieur, général et technique, suivent un seul et même axe : préparer les jeunes au travail. Le triomphe des compétences a marqué une première victoire en éliminant la culture « fondamentale » – au sens de ce terme dans l'expression « recherche fondamentale » – des collèges et lycées.

Qu'avons-nous tenté contre cette évolution? À l'école, nous nous sommes satisfaits d'un ersatz de culture politique à ronger, l'éducation civique, devenue au fil du temps un enseignement apolitique pour ne pas dire antipolitique, car comment ne pas être dégoûté de la politique lorsqu'on se rend compte, au fil des leçons, que les lois ne sont faites que pour être transgressées par les puissants, tandis que les faibles subissent de plein fouet la répression ? Nous n'avons rien fait pour hâter la prise de conscience politique des jeunes, ce qui n'avait rien à voir avec l'adhésion à un parti. Nous avons préféré priver la jeunesse de politique pour ne surtout pas risquer une prise de conscience trop précoce. Résultat : il n'y a de prise de conscience que des grandes idées (l'antiracisme, la fraternité...), sur un mode si abstrait qu'il décourage d'envisager jamais les moyens à mettre en œuvre pour les réaliser, qui sont politiques : pratiques et quotidiens.

L'impuissance politique est organisée. On peut réclamer à cor et à cri l'égalité, la liberté et la fraternité ; si l'on n'a aucune idée concrète de la manière de les pratiquer ou de la façon de mener le combat, alors non seulement « on a dans la bouche un cadavre », selon l'expression des années 1968, mais surtout on enterre l'idée même de mener un combat politique, pour le remplacer par l'humanisme creux de l'associationnisme ou de la militance dans la société civile. Hélas, la société civile n'est pas en soi l'expression des meilleures tendances de l'humanité ; elle regroupe trop souvent des professionnels qui font de l'apolitisme une vertu et de l'efficacité la condition du succès – les compétences, là encore ! Or, sous le capitalisme, la dictature est plus efficace que la démocratie. La preuve : l'Allemagne hitlérienne ou la Chine contemporaine... L'apolitisme et le culte de la compétence pavent le chemin vers l'enfer dictatorial des bonnes intentions de la société civile.

Il est des conséquences immédiates à l'intrusion du cybermonde dans nos vies et à l'omniprésence voulue de la culture numérique. Le livre en sciences humaines en est la première victime. Il était une incarnation fondamentale de la société critique de son système. C'est par lui que se véhiculaient les analyses et cela ne pouvait être que par lui, dans notre agencement mental passé, parce que le livre en sciences humaines, par son volume, par la concentration qu'il impliquait, signifiait prendre le temps de la réflexion. Ce temps était même si long que ces livres fondamentaux pour la pensée entraînèrent beaucoup de leurs lecteurs les plus assidus à négliger l'agir pour se contenter de l'analyse. Hélas, l'analyse - substantif qui semble actif mais qui révèle une passivité du corps - ne remplace pas l'agir - infinitif qui parle du corps mû par le cerveau, par la volonté, par la soif de liberté. C'est ainsi que les bibliothèques ont pu prospérer, à la fois tremplins formidables et tombeaux potentiels tout aussi formidables pour l'action qui s'y enterre et y meurt parfois, noyée sous les théories, les prétextes, les hésitations, les faux-fuyants.

Désormais, le livre de sciences humaines ne peut plus trouver d'utilité dans ce monde fondé sur l'immédiateté, qui nous somme de réagir vite à une actualité, à une décision politique ou économique. Le banal commentaire tient lieu d'analyse et s'avère suffisant. À force de distiller la stérilité au fur et à mesure qu'elle se complexifiait, l'analyse s'est en effet convertie en l'agent de sa propre disparition de la sphère de la décision : plutôt que de réfléchir, respecter le principe de précaution, analyser des données, nous préférons tout décider à la va-vite ou surtout demander conseil - qui vaut ordre - à l'algorithme. Le système prospère ainsi sur l'abêtissement général.

De même que l'apparition du livre a sonné le glas d'une culture antérieure, sa disparition signera l'apparition d'une autre culture. Et ce n'est pas parce que nous assistons à la déstabilisation, voire à l'anéantissement de l'idée même d'essais politiques d'une trop grande complexité que l'agir est mort. C'est l'analyse, un certain type d'analyse, qui était adaptée au monde d'avant, celui du livre en papier, qui disparaît. À nous maintenant d'inventer de toutes pièces ce qui, dans le monde numérique qui s'impose, remplacera l'analyse subversive dont un bon nombre de livres de sciences humaines étaient porteurs. Un défi politique s'ouvre, dans un contexte où les connaissances restent l'apanage d'une minorité et où l'agir politique sur le mode subversif se résume encore à : comment faire passer une critique politique radicale, argumentée, fondamentale, dans un monde numérique ? En utilisant le numérique ou en nous situant d'emblée à la marge ?

Les écrans, comme le livre à leur époque, sont des objets de pouvoir. Et si les pamphlétaires se sont emparés du livre à la Renaissance, ce sont les marchands qui se sont emparés du web à notre époque. Il n'est pas du tout certain que les marchands, économistes, financiers et industriels de tous les pays, lâchent un si bel outil pour abandonner la place à d'autres. D'autant que Google, Apple, Amazon ou Facebook comptent eux-mêmes parmi les plus ambitieux, les plus voraces de ces marchands, et qu'ils développent de plus un véritable programme (anti-)culturel global. C'est dire que notre époque réalise, à travers les écrans, l'unité des marchands, de la culture numérique et d'une vision messianique. Qu'il s'agisse de Schmidt, Cohen, Brin et Page, patrons de Google, de feu Steve Jobs pour Apple, de Jeff Bezos pour Amazon ou de Zuckerberg pour Facebook, tous sont des « gourous » de plus ou moins grande aura, qui prétendent mener le jeu sur tous les tableaux à la fois, notamment ceux de la culture et de l'économie numériques, annonçant – tel est leur côté à l'évidence messianique – une nouvelle forme de culture globale de la vie quotidienne. Que Google, Apple ou Facebook tentent de devenir de véritables *hubs* culturels comme leurs patrons le proclament n'est nullement indifférent et « condamne » les autres formes d'expression à la disparition forcée – pour de nombreuses décennies. À moins que ce ne soit depuis la marge que se développe la contre-attaque – car c'est bien d'une guerre, désormais, dont il s'agit.

Deuxième convergence : Numérique, violence et hallucination collective

À notre époque de violence militaire et économique, la culture des écrans joue le rôle d'opium du peuple ; elle anesthésie nos velléités contestatrices. La montée en puissance du cybermonde est d'abord une politique de contre-insurrection culturelle généralisée.

Les massacres des 7-9 janvier 2015 ont montré de façon spectaculaire le lien direct entre la violence et l'internet tel qu'il se présente de nos jours. La culture numérique du web se nourrit de toutes les formes de violence, dont celle des images issues des cercles dits djihadistes n'est pas la moindre. Car les djihadistes ont semble-t-il compris l'utilité de la violence sur le web, et sans doute mieux que les médias ou l'État : la violence se voit, « fait le buzz », et permet de propager des thèses, des idées, des doutes... Aujourd'hui, sur le web, une foule de clips ou de films vantent le djihad[1]. Des élèves de lycées professionnels avouent sans remords visionner des vidéos de décapitation[2]. À l'inverse, toutes les personnes ayant regardé le clip du gouvernement français contre le djihadisme sont unanimes dans la constatation de sa médiocrité et de son inefficacité absolue[3].

Les massacres de 2015 ont mis en évidence plusieurs fractures. La plus profonde concerne les sources d'information

1 Voir notamment *Flames of War*, qui est l'une des plus fameuses. Voir aussi l'analyse qu'en donnent *Les Cahiers du cinéma*, dans leur numéro de mars 2015. Notons que nous employons ici les mots « djihad » et « djihadistes » par abus de langage, le djihad prôné par l'islam correspondant d'abord à une lutte intérieure. Voir les analyses de Dounia Bouzar, *Désamorcer l'islam radical. Ces dérives sectaires qui défigurent l'islam*, Ivry-sur-Seine, L'Atelier, 2014.

2 Expérience personnelle, classe de 1re, dans un lycée professionnel de l'est de la France.

3 stop-djihadisme.gouv.fr. Sondage dans diverses classes de lycées généraux et professionnels, de mars à mai 2015.

des jeunes, qui n'ont plus rien de commun avec celles de leurs aînés. Les adultes continuent de privilégier les sources consensuelles, télévision, grands quotidiens, revues et radios, tandis que les jeunes font surtout confiance à leurs pairs[1], ce qui explique la place primordiale prise par l'explication complotiste chez eux[2]. Cette constatation ne suffit pourtant pas à dénoncer les sources de propagation des rumeurs, ce qui avalise de fait la rumeur dans la mesure où, finalement, la rumeur est comme le complot : irrécusable. Puisque personne ne sait d'où elle naît, elle peut bien naître de la source des événements, être propagée par les protagonistes de ces événements, pourquoi pas, et être par conséquent plus véridique que l'information, traitée, déformée et finalement anéantie par les médias.

Le lien entre le complot « divulgué » par les pairs via le web et la violence est crucial. Le complotisme est en effet l'expression d'une mécréance absolue en toute explication « rationnelle » du monde, qu'elle soit politique, philosophique, économique ou autre. Le complotisme postule que tout n'est que manipulation[3] et que les individus n'ont aucun pouvoir par rapport à l'ampleur des moyens dont disposent les comploteurs. À partir de cette base existent deux voies fondamentales : renoncer à toute action par découragement ou dégoût; prendre soi-même part à un mode d'action qui

1 Pour une analyse d'ensemble de la crise de la transmission entre les générations, Marie-Claude Blais, Marcel Gauchet, Dominique Ottavi, *Transmettre, apprendre*, *op. cit*.

2 Dounia Bouzar, *Comment sortir de l'emprise djihadiste ?*, Ivry-sur-Seine, L'Atelier, 2015. Selon mon expérience personnelle, entre janvier et mai 2015, il apparaît que les jeunes croient, pour une très grosse minorité d'entre eux, voire une majorité en lycée professionnel, aux *Illuminati*. Une partie significative, qui s'exprime en public, explique les événements des 7-9 janvier par un complot des services secrets français, reprenant ainsi la thèse avancée dès le 7 janvier après-midi par le site de Thierry Meyssan, http://www.voltairenet.org/fr

3 Des comploteurs comme les *Illuminati* seraient même à l'origine de la fonte de la banquise, selon un élève de lycée professionnel de Franche-Comté en 2011 (expérience personnelle). Voir le site http://www.syti.net/Organisations/Illuminati.htm pour une idée de la prose complotiste.

« retourne » les institutions, en utilisant leurs contradictions. Or, cette dernière option est extrêmement simple à suivre : les médias parlant très fréquemment de toutes les formes de violence, l'ultraviolence fournit un moyen assuré pour intervenir dans le débat public. De la croyance au complot naît ainsi l'ultraviolence.

De plus, il se trouve que l'idéologie djihadiste constitue une armature théorique simpliste, donc efficace, à cette révolte contre le mensonge des États et des médias. Et l'internet fournit le filet dont rêve tout pêcheur en eaux troubles ! Il permet à la fois de diffuser des vidéos de propagande en toute liberté – et celles des islamistes sont de très bonne facture[1] – et de partir à la recherche des candidats potentiels au djihad, via notamment les prétendus réseaux sociaux[2].

À cette fracture informationnelle s'en ajoute une autre : générationnelle. D'une façon générale, les adultes ne s'intéressent pas à ce que croient les jeunes en matière d'actualité politique. La thèse de la dépolitisation radicale domine : les jeunes ne trouveraient aucun intérêt à la politique, alors qu'en réalité, il serait plus juste de dire que les explications traditionnelles au jeu politique leur semblent obsolètes.

Enfin, une troisième fracture se creuse selon le niveau d'éducation. Dans les lycées professionnels, la confiance dans les informations diffusées par les pairs semble nettement plus élevée que dans les lycées généraux. Le complotisme serait une technique d'abrutissement touchant en priorité les classes les moins favorisées sur le plan éducatif et culturel.

Le numérique n'est donc pas neutre du point de vue de la violence, ni la violence neutre par rapport à la culture. Non pas que nous assistions à l'émergence d'une culture de la violence portée par le numérique. La culture de la violence a toujours existé, y compris à l'époque du triomphe du livre : pour les nobles des XVIe et XVIIe siècles, il existait un

1 Voir là encore *Les Cahiers du cinéma*, mars 2015.

2 Dounia Bouzar, *Ils cherchent le paradis, ils ont trouvé l'enfer*, Ivry-sur-Seine, L'Atelier, 2014.

véritable « *devoir* de révolte[1] » contre le pouvoir royal. Voici donc longtemps que l'exercice de la violence s'inscrit dans le devoir social et culturel que ressentent certains, castes, communautés ou individus isolés. Aujourd'hui, l'extension des compétences de l'État, jusqu'au monopole qu'il détient de l'exercice de la violence, a modifié la donne par rapport à un siècle durant lequel l'État royal continuait sa mutation, tout en tentant de soumettre une noblesse volontiers rebelle – processus complexe, comme le montrèrent, entre autres, la Ligue puis la Fronde. Depuis cette lointaine époque, l'État s'est légitimé, mais la violence s'est cependant maintenue, voire amplifiée, en tant que révélateur social, au point de devenir un mode de vie pour des franges très larges de la société, bien au-delà d'un groupe aristocratique revendiquant une forme de partage du pouvoir, comme à l'époque d'Henri III ou de Mazarin.

Les États conservent le monopole de la violence légale, et, face à eux, tout le reste serait illégal, un trouble à l'ordre social. Comme si notre société était en ordre, et comme si la violence légale, elle aussi, ne troublait pas la société. Évoquer cet étrange monopole que s'arroge l'État dérange ; une telle discussion relèverait, en puissance, de la subversion, de la critique des fondements de nos sociétés. Elle est donc hors consensus, inactuelle et indésirable.

La violence est fondatrice, cela nul ne le discute, mais que fonde-t-elle ? Quelle est aujourd'hui la qualité de la société qu'elle a fondée ? Pourquoi ne discuterions-nous pas de cette qualité-là, dont les implications culturelles, éthiques et politiques sont si fortes, jusque dans notre quotidien[2] ?

Il s'est produit une évolution décisive depuis les années 1980 : l'émergence massive d'une violence dépourvue du moindre sens. Évolution encore aggravée par ce tabou ab-

1 Arlette Jouanna, *Le Devoir de révolte. La noblesse française et la gestation de l'État moderne, 1559-1661*, Paris, Fayard, 1989.

2 L'analyse de René Girard, *La Violence et le Sacré* (Paris, Hachette, 1983) est fondamentale.

solu : il est interdit de parler de la violence afin de tenter de la comprendre car cela reviendrait à nous en faire les prosélytes[1].

Ce tabou, sous sa forme moderne, trouve sa source au lendemain de la Seconde Guerre mondiale, alors que le monde vivait une situation paradoxale par rapport à la violence. Durant la Seconde Guerre mondiale, de nombreuses populations avaient subi des horreurs extrêmes, les juifs d'Europe et tous les groupes qui durent affronter une volonté d'extermination exprimée – et « justifiée » – dans des discours idéologiques. Face à ceux-là, l'idéal démocratique se sentait mal armé : il n'est pas si facile de détruire une idéologie sans faire soi-même de l'idéologie, et l'interdiction légale n'est pas cohérente avec l'expression libre comme pilier de la démocratie – *Mein Kampf* est cependant resté interdit en France jusqu'en 1979.

Quoi qu'il en soit, il s'est construit un consensus : Hitler représente l'horreur absolue. Cela ne se discute guère. Mais alors nous demeurerons à jamais incapables d'expliquer comment un peuple aussi cultivé que les Allemands du début du XXe siècle suivit un tel dirigeant, et nous devrions nous contenter de lancer « Plus jamais ça ! » dans des manifestations d'impuissance à modifier notre réel ? Pour parer ce risque, les historiens développent depuis 1945 un discours à deux faces sur la Shoah, l'un à destination du grand public, l'autre réservé aux spécialistes. Car les spécialistes cherchent encore des réponses à ces interrogations cruciales sur les rapports entre violence et culture…

1 C'est Nicolas Sarkozy, alors ministre de l'Intérieur, qui affirma que chercher à comprendre la violence des banlieues, c'est la justifier. D'où la loi sur la « responsabilité intellectuelle » en matière de violence : toute personne qui « justifierait » par écrit ou dans une déclaration publique des violences pourra se retrouver accusée d'association de malfaiteurs aux côtés des auteurs concrets des faits, même si elle ne les connaissait pas auparavant. Cette loi scélérate a pourtant été votée sans coup férir et même amplifiée d'abord par la loi « Cazeneuve » autorisant les fournisseurs d'accès à bloquer certains sites, puis après les événements des 7-9 janvier 2015 en annonçant que l'État s'arrogeait désormais le droit de surveiller toutes les communications électroniques des citoyens.

Côté grand public, les programmes scolaires d'histoire ont abandonné le chapitre sur « les causes de la Seconde Guerre mondiale »; le musée de la Résistance et de la Déportation de Besançon, très visité par de jeunes Allemands, dans sa chronologie détaillée de la montée du nazisme, « oublie » les résultats du plébiscite qui a confirmé le pouvoir absolu d'Hitler en août 1934 avec 89 % de oui[1]... Ainsi, les pouvoirs en place, politiques et culturels, n'ont pas confiance dans le peuple, et lui servent une version consensuelle du nazisme, qui ramène les responsabilités historiques sur ses seuls dirigeants[2] et évite les discussions et les débats quant aux responsabilités. Nos États démocratiques n'auraient-ils pas confiance parce que le peuple serait abruti par le pouvoir, par *leur* pouvoir? S'il s'agit bien de juger l'État nazi, il faut alors juger aussi l'État, et pas seulement les nazis. Afin d'éviter de répondre à cette critique du pouvoir et de l'État, un consensus réel s'est construit autour du rejet absolu de Hitler.

L'ère de l'horreur nazie s'éloigne. Désormais, lors des massacres et des guerres civiles, les pouvoirs en place demandent aux populations meurtries d'oublier. Quelle étrange logique, qui consiste à vouloir gommer ce que l'on considère par ailleurs comme consubstantiel à l'humain, voire au vivant lui-même! D'un côté, la violence est en nous, et Hobbes aurait raison : « L'homme est un loup pour l'homme. » De l'autre, la violence détruit, et la sagesse voudrait que nous y mettions un terme. Théoriciens et responsables politiques ou culturels naviguent dans ce grand écart absolu, sans apercevoir dans quelle vacuité éthique ils nous engloutissent.

---

1 Dans la même déclinaison de tabou, parler d'Israël et de la Palestine dans des ouvrages documentaires pour la jeunesse revient à prendre des risques : dans la collection « Enfants d'ailleurs », chez La Martinière, le volume sur Israël et Palestine est le seul, parmi les vingt-sept titres, à avoir suscité des courriers très hostiles, tant de la part de pro-Israël que de pro-Palestine. Aucun courrier de ce type sur la Chine, les États-Unis ou l'Afrique du Sud...

2 Tel fut le rôle du procès de Nuremberg pour les nazis, et du Tribunal pour l'Extrême-Orient, réuni à Tokyo, pour les chefs militaires japonais.

En Argentine, les Mères de la Place de Mai l'affirmaient : ce ne sont pas les noms des quelque 35 000 victimes qu'elles exigent – elles les connaissent puisque ce sont leurs enfants –, mais ceux des coupables. Et ceux-là ne leur sont pas donnés[1]. Au Guatemala, le rapport *Memoria del Silencio*[2] indique que sur 658 massacres commis durant la guerre civile (1956-1992), 626 l'ont été par l'armée et les forces paramilitaires; 83 % des 200000 victimes sont des « Mayas », les Amérindiens du Guatemala. Mais qui connaît les noms des coupables? Au Rwanda, des procès sont organisés, et les coupables, cette fois, confessent leurs crimes. Mais quelle mémoire va-t-il en rester? N'est-elle pas obligée, cette mémoire-là, de s'enfouir au plus profond de l'être puisque les survivants doivent à nouveau côtoyer les massacreurs[3]?

Certes, comme le dit Raoul Vaneigem, nous ne devrions ni tomber dans le talion, ni rester dans le pardon[4]. Les survivants des massacres et les parents des massacrés sont contraints à un silence assourdissant; leur impuissance est organisée; ils ne pardonnent pas ni ne se vengent; ils font semblant de ne plus savoir. Les procès spectacles, comme au Rwanda, les rapports officiels, les listes des victimes et les procès de quelques boucs-émissaires, comme en Amérique latine, sont tout ce que le pouvoir offre en guise de dédommagement symbolique.

L'oubli est criminel s'il est rendu obligatoire par quelque tribunal. L'État se désengage en organisant le rituel du deuil, mais ce rituel sonne faux. La conséquence est terrible car elle déborde de très loin le cercle des parents des victimes : la violence de masse, loin de diminuer, s'étend. De larges parts des populations elles-mêmes voient dans cette violence

1 *Ni un paso atrás*, Madres de Plaza de Mayo, Txalaparta, 1997.

2 Que l'on peut lire sur http://shr.aaas.org/guatemala/ceh/mds/spanish/toc.html.

3 Albert Hilbold, *Puissiez-vous dormir avec des puces. Journal de l'après-génocide au Rwanda*, Paris, Homnisphères, 2003.

4 Raoul Vaneigem, *Ni pardon ni talion. La question de l'impunité dans les crimes contre l'humanité*, Paris, La Découverte, 2009.

la seule voie pour revendiquer une fierté, une appartenance à une communauté, le fait d'être, tout simplement. La violence comme seul mode de vie, dans un monde qui élève l'hypocrisie au rang de qualité de gouvernement.

Violences privées du moindre sens : des pandillas aux quartiers dits sensibles

Ennemis politiques il y a. D'abord les néonazis, mais pas seulement. Nous avons tenté, dans *Marabuntas*[1] et dans *Qui sont les terroristes ?*[2], de participer à la reconsidération de ces problèmes et de montrer que c'est au-delà des simples individus ou groupes que se situe le danger : dans le fait même qu'a été déclarée irrationnelle une violence qui ne l'était pas, à commencer par celle de la Terreur. Celle-là, nous l'avons voulue voir folle parce que son caractère hélas trop rationnel dérangeait les pouvoirs en place et les croyants du consensus. C'est ainsi que Jean-Baptiste Carrier à Nantes, Euloge Schneider à Strasbourg et tant d'autres criminels d'État sont présentés comme des fous, alors qu'ils n'ont fait que pousser à son terme le programme politique jacobin... qui demeure peu ou prou celui de l'État français d'aujourd'hui[3]. Qu'elle soit contraire à toute éthique ne signifie hélas pas que la violence politique et terroriste soit irrationnelle : il existe des quantités de documents justifiant la Terreur, jusque dans ses excès les

1 Philippe Godard, *Marabuntas. La violence des gangs au Honduras*, Paris, Syros, 2006.

2 Philippe Godard, *Qui sont les terroristes ? Textes et documents inédits*, Paris, Syros, 2009.

3 On peut lire, entre autres, Gracchus Babeuf, *La Guerre de la Vendée et le système de dépopulation*, Paris, Cerf, 2008 ; également Claude Betzinger, *Vie et mort d'Euloge Schneider, ci-devant franciscain. Des Lumières à la Terreur. 1756-1794*, Strasbourg, La Nuée Bleue, 1997. Dans un tout autre contexte, l'historien Patrick Weil a révélé, en juin 2015, que Valéry Giscard d'Estaing avait sérieusement envisagé, durant son septennat (1974-1981), de reconduire par la force les Algériens installés en France ; il se posait néanmoins le problème de leurs enfants...

plus atroces[1]. Encore faudrait-il revenir sur tout cela, sur ces élucubrations politiques qui permirent un moment de justifier la Terreur. Mais, plutôt que de remettre en cause ce rationnel qui se combine parfaitement avec le déraisonnable, nous préférons, dans le discours à destination des populations, nier toute possibilité d'explication politique. Ne nous étonnons pas alors, si, aujourd'hui, la violence se développe sans plus aucune justification. Violence véritable et extrême puisque la violence serait de toute façon injustifiable ; aussi pourquoi ne pas l'exercer ? L'État en revendique bien le monopole, lui, au nom de quoi ? L'État vaut-il vraiment mieux que ceux-là qui n'envisagent d'autre voie que la destruction et le meurtre pour exister dans un monde qui les nie ?

Face au raisonnement de l'État qui justifie le pouvoir par le pouvoir, certains croient s'en tirer en opérant l'identification si facile : la raison économique, la raison politique et la raison militaire ne sont finalement que les déclinaisons d'une Raison absolue, que l'on identifie au progrès humain ou à la civilisation. Le discours du consensus sait manier les marionnettes qui éblouiront les spectateurs... Nous devrions alors nous confier au pouvoir légitime, et, avec lui, continuer sur la lancée des Lumières – comme si cela avait un sens pour les peuples qui, au nom des Lumières, ont été asservis, dominés, maltraités.

Le nazisme fut la rationalisation machinique d'une entreprise de destruction fondée sur des préceptes idéologiques abjects, déraisonnables et ignobles – néanmoins réels et hélas exprimés par des humains sous des formes éminemment culturelles : un livre culte, des mises en scène du pouvoir dans des réunions de masse de caractère mystique, une architecture spécifique, consubstantielle de la mythologie nazie et construite tout exprès pour l'adoration du chef. De nos jours, à Los Angeles et en Amérique centrale, les gangs (« *pandil-*

1 Louis-Antoine-Léon Saint-Just, *Œuvres complètes*, *op. cit.*

las » ou « *maras* ») mettent en œuvre une violence qui n'a aucun sens. Un non-sens intégral.

Les *pandillas* ne reposent sur aucune idéologie puisqu'elles ne visent qu'à défendre un quartier contre d'autres *pandillas* qui elles aussi ne visent qu'à défendre leur propre quartier. Plus personne ne sait qui a commencé la guerre des quartiers et des *pandillas* ; plus personne ne sait comment l'arrêter[1]. La recherche du sens est comme écartée : elle-même insensée ! Pourtant, un travail orienté vers la lutte sociale voire la non-violence a été mené durant plusieurs décennies dans les bidonvilles où prospèrent aujourd'hui les gangs, par des théologiens de la Libération ou des apôtres des guérillas révolutionnaires, des activistes politiques ou des travailleurs sociaux. Comment le reprendre et sortir du cercle infernal ? Dans ces quartiers où les *pandillas* font la loi, plus personne n'ose entrer parce que cela ne sert plus à rien. La théologie de la Libération et la lutte syndicale ou révolutionnaire ont été remisées au placard des accessoires inutiles de la seconde moitié du XXe siècle. Les travailleurs sociaux y sont vus comme des auxiliaires de la police et ont perdu tout crédit[2]. Que faire ?

Les gangs sont devenus un mythe, celui d'une fierté retrouvée dans la violence et dans le pouvoir que l'on s'arroge de décider de ce qui se fait ou non dans un quartier[3]. Le lieu devient « sien » au sens fort du terme : le gang s'identifie au territoire sur lequel il règne, de même que l'État se définit par les frontières à l'intérieur desquelles il établit son contrôle. L'État, en prétendant ne plus pouvoir intervenir dans des zones dites de non-droit, reconnaît qu'une

1 Ce que met en très nette évidence Luis J. Rodriguez dans le livre culte des *pandilleros* : *La vida loca. Testimonio de un pandillero en Los Angeles*, New York, Simon and Schuster, 1993.

2 Ce que montre un film comme *La vida loca*, de Christian Poveda. On y voit notamment qu'une boulangerie associative, qui tente de sortir des *pandilleros* de la violence, est en train d'échouer à cause du travail de sape de la police, qui discrédite tout le travail social qui s'accomplissait là.

3 Voir le webdocumentaire *Alma, une enfant de la violence*, sur le site artetv.

autre violence fonde là un pouvoir autre. L'État ne légitime pas les gangs, mais il se reconnaît dans cette fondation par la violence de la domination d'un territoire. Et il renonce d'emblée à engager le combat, ou alors il le mène comme au Honduras, de la façon la plus abjecte : en dehors de tout respect du droit. Il se nie ainsi lui-même, puisque, y compris au Honduras, l'État se prétend « de droit ».

Dans ce pays d'Amérique centrale, des *pandilleros* ont été assassinés par centaines dans les rues par la police ou des groupes paramilitaires, et jusque dans l'incendie « accidentel » de la prison où des dizaines d'entre eux étaient incarcérés. La justice n'existe plus ; le talion est à l'ordre du jour ; tout ce qui est ou devrait être légitime devient flou, comme virtuel. Si l'État agit en dehors du droit, serait-ce parce que le droit n'aurait plus rien à faire avec l'État et lui serait comme un boulet, l'empêchant d'exercer tout son pouvoir ? Et alors : qui défend encore le droit, puisque les magistrats renoncent de fait à enquêter sur les agissements ignobles de l'administration pénitentiaire ou de la police ? Pire : l'État promulgue des lois scélérates[1] qu'appliquent, sans aucun état d'âme, les magistrats.

Dans cette stratégie de la tension, la culture est tout à fait niée. Seules comptent la répression et la force, la légitimité revenant à celui qui, finalement, contrôle un territoire par la violence – et ce n'est pas toujours l'État qui l'emporte. Comme si la violence d'où qu'elle vienne était finalement plus légitime que l'État lui-même. Ce ne serait plus l'État qui dit quelle violence est légitime et s'en arroge le monopole, mais l'exercice de la violence qui procure une légitimité de fait au groupe qui l'exerce, même s'il ne s'agit pas d'un État. Gang, mafia et camorra italiennes, yakuzas japonais ou État,

1 Les lois « Mano Dura » (« main dure ») et « Super Mano Dura », qui assimilent le fait d'avoir un tatouage à l'appartenance à une *pandilla*, punie de nombreuses années de prison. Voir par exemple la revue aujourd'hui disparue mais disponible sur le web *Envío* : http://www.envio.org.ni/articulo/1283

cela n'a d'ailleurs guère d'importance aux yeux de la population qui subit la violence...

La complexité de cette question ne doit pas faire passer au second plan l'importance quotidienne qu'elle revêt pour des millions de personnes. C'est en effet chaque jour que des individus sont contraints de savoir à quel pouvoir ils se fient, de quel pouvoir ils se font les serviteurs. Or, les États n'indiquent pas de solution claire, loin de là. Le flou devient une stratégie du pouvoir politique comme il est devenu depuis quelques décennies une stratégie économique à part entière avec l'abolition de toutes les règles, ce qui renforce la surcapacité de manœuvre et d'anticipation des puissants face aux moins forts. C'est dans un tel paysage mental, fait d'imprécisions et de mécréance en un monde meilleur, que s'introduit la culture numérique. La violence en est devenue un axe évident, depuis celle que montrent et vendent les jeux vidéo jusqu'à celle, cachée, qui s'insinue dans les échanges houleux et insultants des blogs, sans oublier la peur de tomber sur un pervers via Facebook ou la tension palpable dans les échanges de courriers électroniques au travail dès qu'apparaît le moindre désaccord.

La propagation de la médiocrité et de la bêtise

Les États, en renonçant à jouer un rôle central en matière culturelle et en se désengageant au profit de sociétés d'ampleur planétaire comme Google ou Apple, ont laissé le champ libre à des acteurs que ne limite plus aucune contrainte éthique. Le processus n'est pas récent : le droit ne fait plus illusion, la culture encore moins, et il y a longtemps que le contrôle et la répression se posent comme les armes favorites des États, jusqu'à devenir ses seules armes dans les moments de tension sociale. Dans cette brèche de l'abandon d'une prétention culturelle des États, ouverte par les États eux-mêmes, s'engouffrent des produits culturels fondés sur l'attrait de la violence. Proposés désormais par des sociétés privées, ils peuvent venir d'au-delà des frontières grâce à la magie du web, donc sans contrôle ni censure. Des créateurs de jeux vidéo et de sites web ont saisi l'occasion, et se repaissent des faits-divers les plus atroces; ils se lancent dans une offre d'images, le plus souvent fondées sur l'expérience virtuelle de la violence, en escalade continuelle vers l'horreur[1].

La violence des *pandillas* ou celle des bombes vivantes est, pour l'immense majorité des humains de ce monde, insensée et destructrice. Mais ce point de vue n'a aucune conséquence : même s'il fait consensus, il n'est à l'origine d'aucune politique de lutte contre la violence. L'État, en abandonnant tout ce qui pouvait permettre de lutter contre la violence autrement que par la répression et la force, a permis que la fascination de millions d'individus pour la violence devienne un vivier. Avant même de constituer un vivier de recrutement, c'est un immense vivier de ressentiment.

La propagation de la violence virtuelle serait un moyen d'éviter la violence réelle, entend-on souvent. Les études montrent pourtant que des jeunes qui sont accoutumés à la violence par les bandes dessinées qu'ils lisent, les vidéos qu'ils regardent ou leurs jeux vidéo sont moins sensibles à la violence et l'acceptent mieux que les jeunes non soumis à ce type de contenu; ils la considèrent même parfois comme une façon de résoudre des problèmes[2]. Des individus que l'on baigne dans un climat culturel duquel la violence est exclue

1 On peut voir à ce sujet l'évolution d'un jeu comme « Call of Duty » (« L'appel du devoir »), tant dans le graphisme, de plus en plus réaliste et sanglant, que dans l'évolution des « ennemis » à abattre (la version 2012 était ciblée contre les terroristes islamistes).

2 Voir par exemple les ouvrages de Michel Desmurget sur la question (*TV Lobotomie. La vérité scientifique sur les effets de la télévision*, Paris, J'ai Lu, 2011, qui contient des milliers de notes et de références à des rapports scientifiques, confirmant le point de vue critique de l'auteur, et *Mad in USA. Les ravages du modèle américain*, Paris, Max Milo, 2008), ou encore le rapport de l'Académie des Sciences www.academie-sciences.fr/activite/rapport/avis0113.htm publié en janvier 2013 (pp. 27-28 notamment), pourtant ambigu sur d'autres aspects de la violence numérique.

sont beaucoup moins enclins à choisir la violence comme solution à un problème. Si nous tenons compte du climat général, de son évolution, nous constatons qu'en politique comme en économie, la violence devient la norme, de la répression musclée des manifestants dans tous les pays du monde à celle, qui peut être bien plus féroce, des travailleurs qui tentent d'occuper leur usine[1]. Quant aux formes de violence plus individuelles, voire domestiques, les statistiques montrent là aussi qu'elles sont en augmentation, l'Amérique latine étant, en l'occurrence, le continent le plus violent. Des pays comme les États-Unis et la Russie se distinguent également par leur niveau très élevé de criminalité.

La violence propagée par le numérique s'inscrit dans un courant encore plus vaste de publications (images, textes et vidéos) sans ligne éditoriale ni censure, qui doivent, pour émerger dans l'océan de publications quotidiennes, scandaliser pour exister. L'étendue planétaire du web met tout en concurrence immédiate avec tout. La pornographie se doit d'être toujours plus obscène, la criminalité toujours plus extraordinaire[2], le terrorisme toujours plus spectaculaire – encore qu'en la matière, on voit difficilement quel scénario plus « fantastique » que celui du 11 septembre 2001 pourrait être mis à exécution. Ce dernier cas montre qu'une limite a été atteinte : depuis cette date, on note une réorientation sur le plan du pur spectacle de la violence. Puisqu'il serait très difficile de renouveler une telle superproduction, ce qui compte désormais est, du côté du pouvoir, de propager toujours plus la peur, partout, en montrant que « le terroriste est au coin de la rue ». L'avantage de cette version-ci sur les attentats du World Trade Center est d'entraîner des sociétés entières – et pas seulement les Nord-Américains – dans un univers de paranoïa, voire de délation, que l'incompréhen-

1 Fin 2012, on ne s'est pas ému longtemps des assassinats des mineurs sud-africains par la police ou les milices employées par les gérants de ces mines…

2 La figure du serial killer illustre cette escalade. Désormais, les serial killers, s'ils veulent que l'on parle d'eux, doivent battre des records…

sion du fonctionnement de l'univers numérique rend encore plus facile, chacun se sentant surveillé par son écran tout en étant incapable d'expliquer comment cela fonctionne[1]. En face, du côté des djihadistes, l'utilisation des images propagées par le web relève du professionnalisme : toute image de violence islamiste ou policière est récupérée, éventuellement transformée selon les buts recherchés; les vidéos djihadistes fonctionnent comme des jeux vidéo, et ce n'est pas un hasard car une grande partie des djihadistes occidentaux sont, de fait, des jeunes qui furent un temps désocialisés ou peu socialisés, en général grands adeptes des écrans[2].

Les théories du complot qui fleurissent dans le nouvel âge digital en sont d'autres illustrations vivantes, constamment entretenues par divers individus ou groupes, orientés pour la plupart vers les tendances dictatoriales[3]. Le web lui-même, par la simple difficulté pour l'internaute d'analyser à la fois l'amoncellement d'informations, leur pertinence et leur source réelle, nourrit ces théories du complot. Pourtant, si complot il y a, il ne réside que dans la théorie du complot elle-même : croire au complot aboutit à ce qu'une part importante des internautes sombre dans la mécréance passive et renonce à toute expression politique, individuelle ou collective. Le fond du complot tient lui-même dans cette impuissance théorisée et documentée à satiété. Le seul contrepoint à

1 Ainsi, dans les collèges, lorsqu'on demande aux élèves d'expliquer comment ils peuvent recevoir des publicités pour tel produit après en avoir parlé dans un mail à un de leurs contacts; parfois un élève sait comment cela fonctionne, mais le plus souvent, aucun élève ne peut fournir la moindre explication.

2 Voir les excellentes analyses des *Cahiers du cinéma* dans leurs numéros de février, mars et avril 2015. Le film de propagande *Flames of War*, encore très aisément accessible sur le web après les massacres de janvier 2015 en France, est l'un des fleurons de ces vidéos djihadistes analysées et dénoncées par les *Cahiers* et quelques rares analystes. *Paris-Match*, dans son numéro du 19 mars 2015, a diffusé la photo des frères Kouachi morts. Cette photo a été aussitôt reprise par les sites djihadistes, glorifiant leurs héros et martyrs. Voir Philippe Godard, *Du consensus au complot et au terrorisme. Contrer les dérives ultraviolentes*, Villeurbanne, Golias, à paraître 2016.

3 Le site voltairenet.org en est l'une des meilleures illustrations, qui ramène tout à des questions de politique occulte, voire de services secrets.

cette impuissance qui rend passif est la satisfaction de découvrir ce qui devait rester caché : le partisan de la théorie du complot est en effet convaincu de comprendre et analyser des événements qui resteront à jamais obscurs au commun des mortels. Il ne peut rien modifier au cours des choses, mais domine tout le monde par la clairvoyance de sa pensée, et cette illusoire satisfaction lui permet de supporter sa passivité forcée.

Une hallucination collective

Les écrans construisent un autre monde. Ou plutôt certains d'entre nous construisent un autre monde, un « double monde », comme les Tupamaros parlaient de double pouvoir[1]. Ce double monde se situe à côté du monde de l'habitude, il s'y superpose ou vient en décalque parfait de l'autre monde, celui du réel, du quotidien – Fernand Deligny aurait presque pu parler là du monde « coutumier[2] » dans lequel les autistes fixaient leurs repères. À travers les écrans, les mails qui y apparaissent et les amis au rendez-vous, les jeux que nous y retrouvons, notre vie quotidienne est parsemée de repères dont l'absence constitue un manque, lequel peut aller jusqu'à la pathologie. L'addiction aux écrans se constate d'abord par l'incapacité de l'individu à dépasser la sensation de manque, au cas où il est privé de l'accès aux écrans[3].

---

1 Voir « Marge et utopie », p. 133.

2 Le coutumier est, pour Deligny, ce qui permet à l'autiste mutique – comme ceux en « présence proche » desquels il vécut dans les Cévennes lors de sa « tentative » de Monoblet dans les années 1970 – de se repérer en l'absence de langage. Rompre le coutumier est ainsi une catastrophe pour l'autiste : « Un caillou, un bout de bois, un morceau de ficelle dont l'absence provoque le désarroi. Il ne s'agit pas d'objets, même si, à nos yeux, c'est d'un objet – tout à fait quelque – qu'il s'agit. Il s'agit de *choses*, mais ces menues choses ne sont pas ce qu'elles sont à nos yeux, n'importe quelles » (*Le croire et le craindre*, Paris, Stock, 1978).

3 Voir les nombreux rapports des hôpitaux français spécialisés dans les consultations sur les addictions, par exemple http://psydoc-fr.broca.inserm.fr/toxicomanies/internet_addiction/cyberaddiction.htm

Nous croyons être libres grâce aux écrans, alors que nous devrions constater, avec tout autant d'évidence, que nous en sommes dépendants.

Ce double monde scintillant côtoie notre premier monde – ou plutôt, pour reprendre l'appellation du jeu qui, dans les années 2000, incarnait parfaitement cette apparition, Second Life : c'est un second monde qui se superpose au premier, au point que ce monde virtuel a fait l'objet d'une thèse d'ethnologie[1]. La virtualité n'est plus seulement un défilé d'images qui n'a pas d'influence directe sur la vie quotidienne, concrète, « actuelle » comme le dit l'Académie de médecine[2]. Le virtuel est tout un monde, que certains disent complet. Dans Second Life, on peut se marier, on peut transgresser des tabous, on peut même vendre des produits virtuels contre de l'argent réel. Un avatar finit par être plus réel dans l'esprit de celui qui l'a créé et qui dit le manipuler, car l'avatar a sur lui l'avantage d'être parfait, puisque créé à l'image de ce que l'on considère comme tel.

La confusion entre virtuel et réel serait à son comble, à moins que ce ne soit l'inverse : Second Life est peut-être le révélateur de l'imbrication désormais étroite entre le réel et le virtuel. Second Life et tous les mondes virtuels d'avatars créés de toutes pièces par des humains depuis leur « Première Vie », leur quotidien souvent banal et peu enthousiasmant, indiquent, comme le disait Guy Debord, que « dans le monde *réellement renversé*, le vrai est un moment du faux[3] ». En définitive, Second Life est tout autant un vrai moment de la fausse vie que les écrans proposent, qu'un vrai moment de la

1 Tom Boellstorff, *Coming of Age in Second Life. An anthropologist Explores the Virtually Human*, États-Unis, Princeton University Press, 2008.

2 Dans son rapport de janvier 2013 déjà cité. On peut soupçonner l'Académie de médecine d'angliciser le français qu'elle est censée préserver (*actual* signifiant « réel »...) sans aucune nécessité de créer un mot nouveau, mais on peut aussi penser qu'elle prend le terme au sens philosophique, par opposition à « potentiel » et à « virtuel », au sens d'Aristote (qui n'est qu'en puissance : une graine est « virtuellement » la plante qu'elle porte en elle mais qu'elle ne produira qu'à plusieurs conditions).

3 Thèse 9 de *La Société du spectacle*, Paris, Buchet/Chastel, 1967.

vraie vie que vit le résident – c'est ainsi qu'ils se nomment – de ce monde virtuel.

Il s'avère inutile – et vain – de chercher la différence entre le vrai et le faux puisque les sensations ressenties via les écrans sont aussi réelles que celles de la « vraie » vie, la vie « actuelle ». Nous n'avons plus besoin d'un contact physique avec un être aimé ou haï, une écriture aimée ou détestée, des yeux, une peau, pour ressentir au plus profond de nous notre *humanité*.

Au-delà du rapport entre virtuel et réel, ce que les mondes numériques mettent en jeu est le sens même de ce mot : humanité. Et la violence qui s'y propage n'est, dans ce contexte, qu'un épiphénomène ; la violence maximale a été atteinte dans les camps d'extermination nazie, qui tentèrent de faire de l'humain une chose, sans y parvenir bien sûr, car les prétendus « sous-hommes » restaient de cette même espèce humaine que leurs bourreaux[1]. Mais la voici qui ressurgit sur un tout autre mode, cette angoisse, et pourtant identique : dans les « seconds mondes » numériques, c'est de nouveau l'humanité même des humains qui se trouve niée, par d'autres voies qu'à Auschwitz, certes plus douces. Que la question de notre humanité reste posée et sans réponse laisse craindre de graves errements dans le futur. Les avatars y pourront-ils quelque chose, pourront-ils satisfaire ceux dont ils sont l'image virtuelle et leur faire accomplir leurs rêves les plus fous ? Certes, les avatars ont le don d'ubiquité, font l'amour et vivent dans le luxe des pixels, mais ne grandissent jamais et laissent leur créateur désespérément seul devant son écran – qui n'est que réel, bien trop réel, même s'il est le lieu unique d'univers virtuels en mouvement.

Nous pouvons penser, comme beaucoup de philosophes, que nous avons toujours vécu une hallucination collective, qu'elle nous a même toujours permis d'oublier les aspects les moins glorieux de notre banal quotidien. Ou que c'est au

1 Robert Antelme, *L'Espèce humaine*, Paris, Gallimard, 1957.

prix d'une hallucination narcotique que nous nous sommes éloignés d'un état de nature, que nous persistons à nous représenter comme sauvage, animal et indésirable. Ou encore l'inverse : que nous savons parfaitement distinguer le réel de l'hallucination, le faux du vrai. Ce débat éthique, qui rejoint aussi la politique, n'est-il pas désormais dérisoire et obsolète ? La nouveauté que fait émerger le numérique, s'il est bien cette hallucination collective qui nous conduit à ressentir notre humanité à travers des écrans, se formule ainsi : la place des machines dans le monde humain à venir sera de plus en plus déterminante. D'où ces interrogations : qui contrôle les machines ? Au nom de quoi ?

Après les mouvements d'émeutes, de révoltes et de révolutions culturelles des années 1960-1970, la contre-révolution culturelle a construit un nouvel opium du peuple. La lutte contre l'illusion – politique, sociale, culturelle – devient centrale.

Résultat : spectacle, illusion, atomisation, contre-insurrection

Les écrans nous isolent les uns des autres. Nous ne vivons plus sous « la société du spectacle » ou « l'empire de l'illusion », n'étant plus aptes à faire ni société ni empire. Nous sommes atomisés parce que nous recevons la culture numérique seuls devant nos écrans.

Jadis, les livres étaient lus à voix haute. Puis nous nous sommes mis à lire seuls, en silence voire en secret. Avec l'intrusion du monde numérique, tout bougerait. Alors que l'écran de cinéma nous aurait rendus passifs, l'écran d'ordinateur nous ferait collectifs et actifs[1] ; les nouvelles générations vivraient l'écran comme un outil partagé[2]. Fini l'isolement livresque ! Les jeux en ligne multi-joueurs montreraient l'évidence de ce partage et son caractère communautaire authentique – comme si, par le miracle des pixels, nous renaissions au paradis perdu de l'humanité réunie s'abreuvant à la corne d'abondance de la culture et de l'intelligence collectives.

Pourtant, de quelle qualité relève cette communauté qui s'étendrait au monde entier – au conditionnel, car nous doutons beaucoup de l'utilisation collective des écrans. N'est-ce

1 Dans le rapport de l'Académie des Sciences, janvier 2013, www.academie-sciences.fr/activite/rapport/avis0113.htm avec toute la prose pronumérique, y compris gouvernementale, en faveur des TICE (Technologies de l'Information et de la Communication appliquées à l'Éducation, dont les théoriciens donnent dans la surenchère de ce processus de diabolisation du livre).

2 Voir le n° 498 des *Cahiers pédagogiques*, juin 2012, « Apprendre avec le numérique », qui fourmille d'idées reçues ahurissantes dans une revue d'habitude d'une grande qualité, ou encore le rapport de l'Académie des Sciences déjà cité. On lit dans ce rapport à la fois que les écrans sont une forme de partage (« même réunis dans des lieux différents, les spectateurs se sentent réunis par le même spectacle », p. 25), et l'inverse (« la violence des mises en scène rencontre aujourd'hui un spectateur isolé devant son écran », p. 29), ce qui en dit long sur le peu de sérieux de sa rédaction.

pas tout l'inverse qui se produit dans le quotidien : dispersion, atomisation, isolement devant l'écran? Pour en arriver à une telle confusion entre mode collectif de partage et appropriation individuelle, il a fallu passer par une longue évolution qui nous en apprend beaucoup sur notre manière de percevoir la culture et son rôle.

Lecteurs passifs ?

Le livre permet à son auteur de transmettre du savoir, des connaissances, des émotions ou des réflexions; il ne se limite pas à du texte que l'auteur enverrait sans retour vers des lecteurs inconnus. L'objet imprimé lui-même est un gage de durabilité – ce qui n'était pas sans importance dans le monde d'avant, car un livre se conserve, se prête, et franchit les générations, qualité qu'aucune tablette n'aura jamais du fait du déferlement des mises à jour et des nouveaux logiciels plus magiques les uns que les autres. Grâce au livre, un lecteur dialogue par-delà les siècles avec l'auteur, avec sa pensée dont il suit les sinuosités, ou à travers le récit pour lequel il s'enthousiasme, à la simple condition d'entrer en résonance, ce qui ne signifie pas accord, au contraire parfois. C'est pour cela que nous lisons encore aujourd'hui les taoïstes, Montaigne ou Machiavel – vérité que personne ne conteste mais que l'on semble oublier dans les controverses actuelles, comme si la cause était d'ores et déjà perdue. Ce dialogue par-delà la distance et par-delà le temps n'a certes rien à voir avec ce qu'on appelle un « dialogue » à l'ère du courrier électronique instantané, impliquant réponse immédiate, envoi de documents joints, de photos, etc., bref, tout ce que le virtuel peut mettre en œuvre pour copier le réel. Pourtant, une étude du dialogue par le livre – ou par le cinéma – mettrait en évidence que le niveau de profondeur auquel peut parvenir un dialogue entre deux êtres n'a rien à voir avec l'immédiateté, et que le courrier électronique instantané peut même tuer le dialogue. Alors que l'écrivain ou le réalisateur peuvent à l'inverse avoir conçu leur œuvre en fonction d'un dialogue éventuel, auquel ils pourront encore participer par-delà leur mort : en fournissant par anticipation les idées, les images, les pensées, etc., qui nourriront le lecteur et le spectateur, l'orienteront, le feront adhérer, douter, comprendre, se former sa propre opinion. Tel est l'art de l'écriture d'un texte comme d'un film.

Le processus, qui semble s'appliquer pour l'essentiel aux œuvres philosophiques ou politiques, touche aussi la fiction et la poésie. On nous proclame que le livre est un plaisir solitaire, mais personne ne remet en cause les processus d'identification à l'œuvre dans la fiction, ce qui implique pourtant interaction et dialogue entre le texte et notre cerveau ; le mécanisme est, à peu de chose près, identique au cinéma, qu'il s'agisse là encore d'un documentaire ou d'une fiction. L'art – car c'en est un – de l'écrivain comme du réalisateur consiste à réussir cette interaction par le biais d'un processus comme l'identification ou par d'autres procédés, y compris en déroutant le lecteur. Lire des auteurs qui sont morts ou que l'on ne rencontrera jamais est tout sauf un processus passif !

L'idée de la passivité du récepteur ne vise qu'à nier l'intérêt du livre comme du cinéma. Elle se répand partout, sous la poussée impérieuse de la culture numérique, qui crée sa niche en expulsant les formes anciennes de notre imaginaire. Les adeptes du numérique peuvent cependant à bon droit dénoncer la déliquescence de la culture du livre : la marchandisation outrancière s'est insinuée dans les mondes de l'édition et du cinéma ; voici que, désormais, sont publiées quantité de livres sans intérêt, que sont projetés des wagons de films qui ne servent qu'à passer le temps, à le tuer, dans une société qui se meurt d'ennui. Mais ces derniers développements vers la médiocrité sont récents et ne sont pas définitifs : la lutte est loin d'être perdue ; la résistance peut prendre des formes que l'on n'attendrait pas. Même à Hollywood, on continue de réaliser des films qui font réfléchir et qui, par-delà l'écran, font dialoguer chacun avec la thèse défendue dans le film.

L'exemple de *Matrix*, film grand public et archicommercial s'il en est, succès planétaire des années 1996 et suivantes, le prouve. Des philosophes sont allés jusqu'à composer un ouvrage sur ce film[1], illustration évidente du dialogue instauré par le biais des images, bien qu'hollywoodiennes, entre les thèses esquissées par le scénario et le spectateur. Un film comme *Il était une fois dans l'Ouest*, considéré à sa sortie, en 1968, comme un vulgaire western spaghetti, était en réalité une méditation sur la destruction d'un monde de violence et d'aventure dans lequel l'humain à cheval était sur le point de perdre tout pouvoir, balayé par le chemin de fer, symbole de la civilisation mécanique[2]. Aujourd'hui, ce film resurgit à sa juste valeur ; il retient l'attention pour la thèse culturelle qui y est brossée d'une façon subtile et qui trouve davantage d'échos dans notre réalité contemporaine qu'au moment de sa sortie : *Il était une fois dans l'Ouest* est au fond un western d'anticipation politique.

Ces constatations n'invalident pas la thèse du cinéaste britannique Peter Watkins, selon qui la « monoforme » issue de Hollywood rend impossible la participation du spectateur. La monoforme est « la manière de découper les films en minuscules petits bouts : cut cut cut toutes les 3 à 5 cinq secondes avec un bombardement incessant de sons, une caméra en perpétuel mouvement[3] ». La quasi-totalité des films et des

1 Ouvrage collectif, *Matrix : machine philosophique*, Paris, Ellipses, 2004. Les auteurs explorent les nombreux décryptages possibles de cette œuvre, depuis le bouddhisme ou le christianisme jusqu'à la non-violence ou l'anarchisme, et bien sûr toutes les thèses contenues dans le premier volet notamment, sur les rapports entre réel et virtuel.

2 Le film met en scène un personnage féminin qui est le véritable fil conducteur de toute l'œuvre, et amène, dans la scène finale, à penser l'invasion – ou la victoire – de la civilisation dans un territoire où les mœurs sauvages, avec leur bonheur comme leurs horreurs, s'imposaient à tous.

3 Citation extraite de http://www.zalea.org/ancien/ungi/programme/peterwatkins/

séries est produite selon ce schéma, qui abrutit le spectateur en l'empêchant de penser. Il est d'ailleurs remarquable que, par exemple, *Matrix* ou *Il était une fois dans l'Ouest* ne sont pas construits sur le type de la monoforme : les plans fixes sont parfois très longs, les sons très épurés, surtout dans le film de Sergio Leone. Ces films aboutissent à de la réflexion à partir du moment où ils ne sont considérés que comme des prétextes et surtout pas comme des œuvres d'art (*Matrix* doit être considéré comme une base pour la pensée, sinon il n'est qu'un film de science-fiction banal), ou lorsque la réflexion, en les faisant changer de catégorie, bouleverse leur statut et leur lecture (*Il était une fois dans l'Ouest* est un western comme des dizaines d'autres, mais un film d'anticipation politique d'exception).

On pourrait multiplier les exemples qui rendent évidentes les interactions fortes entre lecteur et écrivain, réalisateur et spectateur au-delà du temps, au-delà de la séparation entre auteur et récepteur. Que ces interactions se jouent d'abord au niveau individuel, alors qu'on lit seul le livre ou qu'on regarde avec ses propres yeux le film, ne bannit en rien l'idée du partage intellectuel des réflexions, des émotions. Dans tous les cas de discussion entre deux humains ou davantage, le processus est identique, y compris dans une discussion réelle : chacun écoute ce que dit l'autre ; c'est à cette condition que peut naître un dialogue et qu'éclot ensuite l'interaction entre deux réflexions personnelles. Il n'y a jamais simultanéité absolue – ce qui serait la cacophonie, chacun parlant sans écouter l'autre. Que le dialogue ne s'instaure pas physiquement avec l'auteur de l'œuvre n'ôte rien à la réalité de la construction de la pensée sur la base d'un échange. Et il est notoire que, durant longtemps, nombre d'auteurs d'œuvres écrites, chantées ou dites à l'époque des cultures orales, ainsi que visuelles depuis l'apparition du cinéma, ont justement pensé cette interaction avec leur public. C'était

entretienpw.html Voir aussi Peter Watkins, *Media Crisis*, Paris, L'Échappée, 2015.

leur vœu le plus cher de défier le temps, de perdurer par-delà les générations. Comment, de nos jours, peut-on avoir oublié tout cela, alors que s'éditent encore des livres ou sont conçus des films qui fonctionnent sur ce schéma ?

La culture numérique nous entraîne vers une coupure d'avec les autres, une atomisation (le terme d'« individualisation » pourrait convenir, mais dans certaines conceptions politiques et philosophiques, le mot « individu » a un sens positif, alors qu'« atome » paraît plus neutre). L'atome, que l'on a longtemps cru être la plus petite particule de matière existante, met en évidence la façon dont nous sommes pulvérisés par ce système, réduits en matière brute voire inerte, par opposition à notre cerveau fonctionnant, pensant et réfléchissant à partir de neurones, mais aussi de pensées, de souvenirs, d'émotions, de rêves et d'utopies. L'atomisation n'est pas neutre : elle a des conséquences sur la culture elle-même. Elle n'est pas seulement un processus de réception de l'information, mais une part du message fondamental de la culture numérique, qu'on pourrait résumer ainsi : « Sois seul devant ton écran. Ne sois que devant ton écran. Qu'il devienne tout pour toi. »

Avec la deuxième génération « digitale », celle du web dit 2.0, l'atomisation est devenue l'axe selon lequel s'édifient les stratégies culturelles : tout émetteur de contenu sur le web prend à chaque instant en compte cette réalité des récepteurs isolés les uns des autres. Textes, images ou autres sont imaginés en fonction du type de réception qu'ils induisent. Nous pouvons à peu près écrire et publier n'importe quoi puisque la controverse publique est peu probable, à moins que nous la recherchions pour créer le *buzz* ; il faut alors penser cette atomisation, la transformer en pulvérulence momentanée qui se propagera dans une partie significative du monde des internautes – stratégie complexe à mettre en œuvre, au point qu'aujourd'hui, le *buzz* relève surtout de la chance.

Dans un stade antérieur de l'édition, jusque dans les années 1950 et peut-être même au-delà, ce qui devenait un best-seller n'était pas pensé au départ de façon à créer les conditions pour une vente massive. C'est petit à petit, avec l'ampleur prise par la lecture dans la période postérieure à la Seconde Guerre mondiale, qu'il est d'abord devenu possible de construire des coups commerciaux fantastiques, ensuite de chercher à fonctionner sur la recherche du best-seller. Les maisons d'édition s'en sont longtemps défendues en arguant de la nécessité de faire de temps à autre un succès commercial – sous-entendu, le plus souvent, un mauvais livre du point de vue de la culture – pour pouvoir en financer de bien meilleurs au plan intellectuel, mais nettement moins rentables.

Redire cette banalité, caractéristique de l'évolution de l'édition livresque finissante vers l'édition numérique émergente, n'est pas sans importance puisque, dans le monde actuel, nous nous acharnons à l'oublier, à l'ère où tout dans l'édition est conçu de façon à être le plus performant possible en termes commerciaux. Le caractère marketing toujours plus présent a préparé, de fait, le passage au numérique en affadissant l'offre culturelle éditoriale, en la rabaissant au stade de produits prêts à consommer.

De nos jours, les produits numériques sont à l'évidence concoctés en fonction du médium et du mode de réception. Les maisons d'édition françaises, qui ont manqué le virage du numérique mais s'y sont quand même engagées au début des années 2010, avaient, pour les plus avancées d'entre elles, entre 2005 et 2010, considéré qu'il suffisait de numériser les textes[1]. Cela ne pouvait pas réussir : ce n'est pas

1 Ainsi, dans l'une des maisons d'édition pour la jeunesse pour laquelle je publiais, en 2012, pour la vingtaine de titres documentaires de cette maison, qui se sont vendus de 62 à 1500 exemplaires par an en version papier, les versions dites « numériques », en réalité simple numérisation de ces textes, ne se vendaient qu'entre 1 et 3 exemplaires. D'un autre côté, cette maison, bien que dépendante d'une grosse maison fer de lance du numérique en France, n'avait absolument pas les moyens de faire autre chose qu'une simple numérisation : le directeur d'un Centre Régional de Documentation Pédagogique estimait, en 2013, qu'un livre numérique de qualité,

une révolution technologique simple, où il suffirait de passer du texte depuis le papier vers les écrans. Cette révolution du médium implique une révolution du texte lui-même[1], qui doit s'adapter au médium, une révolution de son statut, de son usage, et au-delà *une contre-révolution culturelle* dont l'atomisation des récepteurs culturels que nous sommes n'est pas le moindre levier dans sa lutte contre l'ancienne culture.

Comme souvent dans l'histoire, certains vantent ce qu'ils sont en train de détruire. Les technophiles louent le caractère « collectif » et « partageux » de la culture numérique, alors que c'est justement ce qui disparaît en premier de la culture précédente – et ne renaît pas sous la nouvelle forme technique. Le livre qui sent bon le papier et qu'on aime à toucher, tout ceci n'est que balivernes et écran de fumée que tentent de mettre en avant quelques maladroits tenants d'une culture dépassée. La vraie contre-révolution n'est pas nostalgique de valeurs d'avant l'ère numérique ; elle se moque bien du parfum du papier et de la beauté des caractères... et elle a bien raison : il y a longtemps que la plupart des livres sont imprimés sur du mauvais papier à l'aide d'une seule et même police[2]. La contre-révolution ne vise qu'à en finir avec une culture qui avait longtemps été porteuse d'émancipation collective – et peut le redevenir.

La véritable fracture numérique

Le numérique n'aura même pas le temps de s'imposer partout ! Déjà, la cassure entre connectés et non-connectés – comme autrefois entre cultures écrites et cultures orales – s'impose comme un défi majeur du monde contemporain.

---

avec des animations en 3D, revenait à 150 000 € environ, soit bien davantage que le coût de production d'un livre papier (communication orale personnelle).

1 Voir Raffaele Simone, *Pris dans la Toile*, *op. cit.*

2 Voir Lewis Mumford, « De l'artisanat à l'art de la machine », *Art et Technique. Six conférences inédites*, Paris/Villasavary, La Lenteur/La Roue, 2015.

Du moins à ce que nous en disent des organismes comme l'Unesco, au réveil tardif et mou. Cette fracture est bien connue, mesurable selon le taux d'équipement en ordinateurs reliés à l'internet, sans oublier la capacité de certains pays à gêner ou à empêcher l'accès à des sites considérés comme subversifs ou dangereux pour les pouvoirs en place[1].

Le « monde d'avant » ne nous semble ni mieux ni pire que celui de la prétendue culture numérique; or, dans les rangs de l'opposition à la culture réactionnaire-numérique se retrouvent pour l'essentiel d'authentiques réactionnaires, nostalgiques de ce monde d'avant, avec lesquels se mêler sème le trouble : la critique de la culture numérique ne relève en aucun cas de la nostalgie d'un passé idéalisé. En outre, il n'est pas certain que dénoncer la fracture connectés/non-connectés ouvre des voies prometteuses à la critique. À l'inverse, cela rend obscure une contradiction que nous connaissons pourtant bien et depuis longtemps : la fracture entre riches et pauvres[2]. Certes, les riches ont toujours été mieux équipés que les pauvres en réfrigérateurs, en automobiles ou en machines à laver; désormais ils le sont en ordinateurs connectés à l'internet. Leurs machines sont sans doute plus belles, plus récentes ou plus performantes que celles des pauvres. Mais en ce qui concerne l'égalité face à

1 Voir à ce sujet l'intéressant livre canular de Hsi Hsuan-Wou et Charles Reeve, *Les mots qui font peur. Vocables à bannir de la Toile en Chine*, Montreuil, L'Insomniaque, 2011. Beaucoup moins drôle : la France du ministre de l'Intérieur Cazeneuve est exactement sur le même terrain que la NSA avec son programme de contrôle généralisé, en pire : Cazeneuve assume ce que la NSA tentait de cacher, avec sa loi sur la surveillance informatique du 5 mai 2015. Voir par exemple http://lexpansion.lexpress.fr/high-tech/loi-renseignement-la-cnil-dement-cazeneuve-sur-le-recueil-de-donnees-anonymes_1671961.html

2 On peut lire des myriades de livres économiques complexes sur ce thème, mais il nous semble que c'est justement d'une radicale simplicité dont nous avons besoin pour comprendre le capitalisme, sans jamais tomber dans le simplisme. Citons trois titres, qui vont tous les trois dans ce sens-là et éclairent cette question : James Robertson, *Future Money. Breakdown or breakthrough ?*, New York, Greenbook, 2012; Massimo Amato et Luca Fantacci, *Come salvare il mercato dal capitalismo*, Rome, Donzelli, 2012; Philippe Godard, *Une poignée de riches, des milliards de pauvres*, Paris, Syros, 2012.

l'abrutissement, la réalité est toute différente : nous sommes presque tous égaux! En effet, le premier objet de consommation réellement partagé par les riches et les pauvres à l'échelle mondiale, jusque dans les bidonvilles, a été, à partir des années 1970, un outil de pur abêtissement, la télévision; désormais, avec le smartphone, émerge le deuxième outil de décervelage massif à l'échelle planétaire.

Que la fracture numérique soit la marque d'une infériorité culturelle chez ceux qui n'ont pas accès aux joies du cybermonde en construction est par conséquent loin d'être certain : la culture numérique n'étant qu'un mythe global, échapper à cette hallucination collective pourrait bien, à l'inverse, être une chance. C'est même l'une des contradictions les plus intéressantes de la période qu'a ouverte l'imposition de l'ère digitale à l'échelle planétaire : il se produit un déplacement de la contradiction entre riches pauvres, au profit d'une marge en émergence : hors abêtissement numérique.

La véritable fracture numérique se produit à l'intérieur du groupe des connectés. Elle divise ceux qui gaspillent leur temps et leur existence devant un écran, et ceux qui cherchent à tirer profit de l'outil internet. Car, comme on peut le constater par une simple navigation sans but sur le web, on y trouve vraiment de tout, le meilleur comme le pire. Or, les internautes se divisent en deux camps (et certains passent, au cours de leur journée, d'un camp à l'autre), ceux qui perdent leur temps[1] et ceux qui ne se servent du web qu'à la recherche d'une information précise.

Apparaît alors une autre intéressante contradiction : l'utilisation positive du web, de type encyclopédique, s'apparente à la recherche dans une bibliothèque. Le modèle de la culture du livre persiste donc à l'intérieur même du nouveau paradigme numérique. Certes, ce modèle est phagocyté par l'immense puissance de l'appareil idéologique qui assimile le

1 Voir Samuel Michalon, Baptiste Mylondo et Lilian Robin, *Non au temps plein subi!*, Bellecombe-en-Bauges, Le Croquant, 2013, pour une étude du temps comme valeur et de l'inactivité comme horizon.

monde digital à la réalité et qui, en faisant du cybermonde notre seul univers réel, incite l'internaute à perdre son temps sur le web, de même qu'il le perd dans le monde réel. Dans le réel comme dans le virtuel, tout se résume au bout du compte à perdre sa vie à la gagner : la critique du numérique se situe dans la perspective de la critique du productivisme.

Dans cette fracture nouvelle qui se creuse sous nos yeux, sombre davantage qu'une simple forme de culture. Pour parler, imaginer et rêver ensemble, il nous faudrait une culture commune ou des cultures diverses véhiculant des présupposés communs, ne serait-ce que l'amour de la diversité des autres cultures – des autres « valeurs ». Si nous sommes nombreux à penser qu'il est exaltant de vivre en pensant aux générations futures car cela nous inscrit dans une temporalité infinie et une humanité retrouvée, alors la préservation de l'écosystème, par exemple, devient une valeur partagée. C'est dans une telle optique que les cultures élaborent le plus souvent des valeurs communes. Cela ne signifie pas que la culture soit statique ou que les valeurs puissent être immuables. Mais, pour que de nouvelles valeurs apparaissent, il faut qu'elles soient partagées.

Or, l'atomisation est la négation même de la communauté de valeurs, à moins que la seule valeur partagée devienne la primauté de l'individu atomisé sur tout le reste – ce qui est un résumé plutôt exact de la vie sous le système capitaliste du XXIe siècle. Les seules cultures que l'on dit globales sont aujourd'hui Wikipédia, dont on a vu les déficiences, ou encore les jeux vidéo, qui sont le plus souvent fondés sur la violence extrême et la non-coopération. Rien à voir avec la non-coopération vantée par Gandhi en Inde, qui se résumait à une non-coopération intégrale avec l'infâme afin de pousser les Britanniques à « quitter l'Inde en tant que maîtres[1] ». À l'ère numérique, la non-coopération est, tout à l'inverse, le

1 *Quit India as Masters*, titre de la campagne de désobéissance massive menée par Gandhi et le parti du Congrès à partir de 1942.

« syndrome Rambo » : un seul homme, l'internaute seul devant son écran, va pouvoir sauver l'humanité des terroristes, des ennemis, des salopards. Et s'il joue en équipe, là encore, son but est de détruire.

La survivance improbable ou complexe de la société telle que nous l'avons connue nous condamne-t-elle à ne subsister qu'à la marge, à rester pour toujours ceux qui continuent de rêver « la soie des mers et des fleurs arctiques », comme le chantait Rimbaud ? Notre époque est marquée par la montée de l'incapacité à communiquer, qui va nous contraindre à adopter d'autres modes de vie et de survie, fondés sur d'autres « valeurs » que la paranoïa distillée par les jeux vidéo ou l'ensemble du discours alarmiste tenu par les larges secteurs catastrophistes[1] – des écologistes dits radicaux jusqu'aux défenseurs les plus réactionnaires de la finance mondiale. Si l'on analyse le discours politique non plus selon le critère – qui n'en est plus un depuis longtemps ! – droite contre gauche, ou progrès contre réaction, mais selon la ligne de partage entre catastrophistes et leurs opposants, on constate que la fracture est tout autre. Les deux camps sont très hétéroclites puisque l'on passe des financiers alarmistes à certains cercles antinucléaires chez les catastrophistes, des je-m'en-foutistes invétérés aux politiciens rusés chez leurs adversaires. La question politique de fond est ici de savoir si le cybermonde est une catastrophe *en soi*, qu'il faudrait donc dénoncer par tous les moyens nécessaires ou ignorer puisqu'il n'y aurait rien à faire, ou plutôt s'il ne dépend pas de nous de dépasser cette alternative sans issue dans laquelle nous enferme ce qui est le vrai totalitarisme intellectuel contemporain : penser la politique et le futur en fonction de la probabilité ou non de la catastrophe finale. L'apocalypse comme arme du consensus totalitaire. S'il est possible de briser cette forme vicieuse de vision du monde, depuis où, depuis quel territoire politique,

1 Qui tiennent donc le mythe de la catastrophe pour une façon de faire avancer leurs thèses politiques, quelles qu'elles soient.

prétendons-nous qu'il soit possible de nous sortir de l'ornière et de vaincre nos « cyber-ennemis »?

C'est bien un mythe fondateur que certains échafaudent sous nos yeux. La dissolution de la société humaine sous son ancienne forme et l'apparition de légendes noires - les catastrophes, le complot jusqu'à la paranoïa généralisée, la destruction des écosystèmes - reposant très souvent sur des faits réels mais exacerbés, est le type de terrain dont a besoin un mythe pour s'enraciner. En effet, si la société n'est pas assez décomposée, elle ne peut constituer le terreau sur lequel naîtra le nouveau mythe. Après le mythe de la machine décrit par Lewis Mumford[1], voici venir le mythe de la culture numérique. Comme tous les mythes, il prend pied sur des faits réels et échafaude des constructions plus ou moins fantastiques voire saugrenues; comme tous les mythes, il deviendra un outil de domination pour ceux qui sauront s'en servir. Car, le plus souvent, les mythes sont utilisés pour abrutir et asservir, et les derniers mythes modernes, ceux de la machine et du progrès, ont même entraîné l'humanité sur des voies qu'on nous annonce sans issue autre que le passage à un capitalisme vert dans lequel la culture numérique jouerait un rôle fondamental. Le premier rôle, même, à égalité avec une technologie qui deviendrait d'un coup soucieuse avant tout de préserver la vie. Peu d'entre nous croyant aujourd'hui à la fable d'une mutation radicale de la technoscience, une bien plus grande part se rallie au mythe d'un cybermonde fondé sur une culture numérique douce, démocratique et universelle. Cette culture numérique sera-t-elle pourtant si douce que la propagande du consensus le fait croire?

1 Lewis Mumford, *The Myth of the Machine*, *op. cit.*

Culture numérique et contre-insurrection généralisée

Au printemps 2013, un livre, *The New Digital Age*[1], d'Eric Schmidt, à l'époque PDG de Google, et Jared Cohen, directeur de la branche Google Ideas, apportait une contribution majeure à la construction du mythe numérique en révélant les atouts politiques fondamentaux de la culture digitale : contrôle généralisé et apologie de la sécurité comme mode de vie. Quelques semaines plus tard éclatait la prétendue « affaire[2] » Snowden, informaticien ayant travaillé pour la CIA et la National Security Agency, la NSA. Les révélations[3] qu'il fit à ce moment-là sur l'ampleur gargantuesque[4] de la surveillance planétaire développée par la NSA via son programme Prism montrait qu'il fallait prendre au sérieux ce que racontent Schmidt et Cohen. Le rôle de la culture numérique aujourd'hui se ramène à une seule facette : sécurité générale absolue, pour le dire dans la langue du pouvoir. Ce que nous traduisons par : *servir de paravent à une politique de contre-insurrection planétaire*.

La culture est un phénomène complexe sur lequel jamais nous ne finirons de discuter, à la fois instrument d'émancipation, de reproduction des classes dirigeantes, d'oppression aussi. La culture religieuse, en terre chrétienne, musulmane ou judaïque, a bel et bien été, et est encore, un outil d'oppres-

1 Eric Schmidt et Jared Cohen, *The New Digital Age. Reshaping the Future of People, Nations and Business* (« Le Nouvel Âge digital. Refaçonner le futur des peuples, des nations et des affaires »), paru le 23 avril 2013, chez Knopf à New York.

2 Transformer une réalité politique en « affaire » relève de l'illusionnisme, surtout lorsque les faits sont ramenés à une simple histoire d'espionnage entre États sur le mode de la Guerre froide.

3 Ce ne sont pas des révélations, puisque quelques mois *plus tôt*, Julian Assange, dans son entretien avec Jacob Appelbaum, Andy Müller-Maguhn et Jérémie Zimmermann, publié sous le titre de *Cypherpunks. Freedom and the Future of the Internet*, New York, OR Books, 2012, disait déjà, et bien davantage, tout ce que l'« affaire » Snowden « révéla » au grand public.

4 Le qualificatif est du *Guardian*, le quotidien anglais qui a publié les premières informations données par Edward Snowden.

sion. Ces trois aspects ne jouent pas ensemble à tout moment au point que la culture serait tout autant émancipation qu'oppression et outil de reproduction de la hiérarchie sociale. On peut plutôt considérer à l'inverse que, dans les périodes où un pouvoir traverse une crise aiguë, la facette émancipatrice de la culture se réduit à la clandestinité pour se protéger, tandis qu'un consensus oppressif se diffuse parmi le peuple grâce à tous les agents culturels du pouvoir du moment. Les autodafés nazis en sont une illustration extrême, ou encore la politique maoïste au temps de la lutte entre la faction de Jiang Qing[1], laquelle interdit la représentation de nombreuses œuvres classiques considérées comme réactionnaires, et celle de Deng Xiaoping, dont le souci émancipateur était lui aussi nul. Les avancées de la charia ou la montée de la bêtise dans les pays occidentaux représentent aujourd'hui l'oppression menée au nom d'une certaine culture – qui se prétend musulmane dans le premier cas, populaire dans le second.

En Europe, la bêtise s'impose sous les traits les plus divers. La « guignolisation » du personnel politique – dont l'envergure éthique est bien inférieure à celle de l'authentique Guignol lyonnais, héros positif, populaire et justicier s'il en est –, le succès des revues dites people, certaines politiques éditoriales frileuses pour ne pas dire glaciaires, tournées vers la seule recherche du best-seller, l'insignifiance du monde des médias et le nihilisme – au sens de tension vers le zéro – des programmes scolaires en sont les exemples les plus criants. Mais pourquoi tant de bêtise, quel rôle joue-t-elle, est-elle si importante pour le pouvoir, ou n'est-elle qu'un accident de la modernité ? Quand un système se prétend la meilleure alternative économique et le seul garant de la démocratie, et qu'il ne parvient pas à contenir la misère planétaire, à endiguer la montée générale du chômage, il se trouve en situation objective d'échec. Sa stratégie de survie ne dispose dès lors que de

1 Que leurs ennemis au sein du parti communiste chinois appelaient « la bande des Quatre ».

très peu d'options, voire en définitive une seule : maintenir l'oppression par tous les moyens nécessaires.

L'insignifiance du monde, la propagation de la bêtise par toutes les ondes du consensus et – trouvaille géniale du numérique – l'intériorisation de la répression au point que chaque internaute la construit en toute inconscience à chaque clic, à chaque message, constituent les atouts maîtres dans le jeu du système.

Dans les grandes manœuvres culturelles et répressives des années 2010, les vaisseaux amiraux – Google, Apple, Amazon et Facebook – voguent toutes voiles dehors. Le fonctionnement de la contre-insurrection googlienne, la plus élaborée de toutes, force l'admiration. Au départ, ce n'est que l'histoire, banale, de la réussite d'une start-up surfant sur un outil technique plus performant que ceux de ses concurrents et tout autant gratuit, qui atteint une aura planétaire. Puis voici venir le temps des ambitions démesurées : numériser la totalité du patrimoine écrit de l'humanité[1]. Google Books s'impose à tous, au point que certains ouvrages ne sont plus disponibles sur l'internet que via ce site[2]. Google Earth et Google Street View révèlent une nouvelle dimension, plus intrusive, mais encore, pour certains, « conviviale ». L'empire Google se commande désormais depuis le Googleplex et inclut une myriade de sociétés et de marques, dont les plus connues sont Youtube, Gmail, Google Chrome et Google Maps, et qui inclut des services de *cloud computing* et de communication publicitaire (Google Ads) et même une banque[3].

Les Googlemen déroulent tout à loisir leur stratégie de « conquête et destruction » des esprits – le *search & destroy*

---

1 Google a lancé en décembre 2004 son projet Google Books visant à créer d'abord la plus vaste bibliothèque virtuelle du monde, et désormais la plus vaste librairie du monde – se heurtant là aux ambitions d'Amazon, en s'appuyant sur d'autres atouts, notamment ses partenariats avec de très grandes bibliothèques de nombreux pays.

2 Par exemple, la *Lettre sur les sourds et les muets*, de Diderot, recherche effectuée le 14 août 2013 sur les huit premières pages de résultats du métamoteur Ixquick.

3 Voir http://www.expertinexcel.com/google/the-google-bank (consulté en juin 2015).

des jeux vidéo appliqué au monde réel. Ne restait qu'à tout dévoiler pour mieux dire ce qu'est leur pouvoir, son étendue, sa toute-puissance, ce qu'entreprennent Eric Schmidt et Jared Cohen dans *The New Digital Age*. Les dirigeants de Google reconnaissent que l'âge numérique va davantage renforcer les capacités de contrôle totalitaire dans les pays déjà totalitaires que dans les autres, mais les pays démocratiques vont eux aussi glisser vers des systèmes de plus en plus autoritaires. Dans « le nouvel âge digital », ces tensions impliquent un cinquième territoire de conflit : après les combats sur terre, sur mer, dans l'air et dans l'espace, voici ceux de l'espace virtuel. Schmidt et Cohen n'envisagent pas la disparition pure et simple des États, mais une nouvelle forme, inédite : « ... nous pensons qu'il est possible que des États virtuels soient créés et que, dans le futur, ils bouleverseront le paysage digital des États physiques[1] ». Il y aurait ainsi des États physiques, ancrés « sur Terre » et opérant en ligne, et des États virtuels, intégralement en ligne et agissant dans le monde virtuel comme les autres États mais sans posséder d'attaches « terrestres », d'un territoire physique.

Tous ces États, dans le nouvel âge numérique, font face à des ennemis, le « révolutionnaire », l'« anarchiste » et le « terroriste », qui agissent sur une multiplicité de plans, physiques et virtuels. « La connectivité changera la façon dont nous voyons les groupes d'opposition dans le futur. Les organisations visibles et les partis continueront d'opérer à l'intérieur de chaque pays, mais la profusion de nouveaux intervenants sur la place publique virtuelle reconfigurera de fond en comble le paysage des activistes[2]. » « Avec leur nouvel accès à l'espace virtuel et à ses technologies, des personnes et des groupes partout dans le monde pourront mettre à profit le moment opportun pour propager de vieilles doléances ou de nouvelles inquiétudes, avec force et conviction. Beaucoup de

1 Eric Schmidt et Jared Cohen, *The New Digital Age*, *op. cit.*, p. 101 (traduit par nos soins de l'édition originale en anglais).

2 *Ibid.*, p. 124.

ceux qui lanceront ces brûlots seront jeunes, pas seulement parce que beaucoup des pays qui se connectent ont des populations incroyablement jeunes [...], mais aussi parce que *le mélange de l'activisme et de l'arrogance est, chez les jeunes, universel*. Ils sont convaincus qu'ils savent comment régler les problèmes ; aussi, dès que leur sera donnée la possibilité d'exprimer une position publique, ils n'hésiteront pas[1]. »

Le terrorisme constitue le point d'orgue de la pensée des Googlemen. « L'activité terroriste future inclura des aspects physiques et virtuels » : à partir de cette double caractéristique, les dirigeants de Google échafaudent leur politique contre-insurrectionnelle, à la fois dans le monde physique et dans le monde virtuel, ce dernier ayant des impacts directs et concrets sur la vie quotidienne de la totalité des humains. Schmidt et Cohen vont encore plus loin dans le degré de contrôle-répression que ce dont les États-Unis nous ont donné l'« habitude » ; nous en arrivons, dans le nouvel âge digital, à un degré d'autocontrôle qui n'a plus rien à envier aux pires régimes totalitaires du XXe siècle.

« Les différences entre hackers inoffensifs et dangereux (ou entre hackers et cyberterroristes) sont devenues de plus en plus floues dans l'ère post-11 Septembre. Des collectifs décentralisés comme les Anonymous démontrent clairement qu'un groupe d'individus déterminés qui ne se connaissent pas les uns les autres et ne se sont pas rencontrés en personne peuvent s'organiser et avoir un impact réel dans l'espace virtuel[2]. » Le danger est identifié : l'individu qui se cache. Et la sentence tombe : « Au fur et à mesure que les terroristes développent de nouvelles méthodes, les stratèges de l'antiterrorisme devront s'y adapter. L'emprisonnement ne sera pas suffisant pour contenir un réseau terroriste. Les gouvernements doivent décider, par exemple, qu'*il est trop risqué que des citoyens restent "hors ligne", détachés de l'écosys-*

1 *Ibid.*, p. 122, c'est nous qui soulignons.

2 *Ibid.*, p. 163.

tème technologique. Dans le futur comme aujourd'hui, nous pouvons être certains que des individus refuseront d'adopter et d'utiliser la technologie, et ne voudront rien avoir à faire avec des profils virtuels, des bases de données en ligne ou des smartphones. *Un gouvernement devra considérer qu'une personne qui n'adhérera pas du tout à ces technologies a quelque chose à cacher et compte probablement enfreindre la loi*, et ce gouvernement devra établir une liste de ces personnes cachées, comme mesure antiterroriste. Si vous n'avez aucun profil social virtuel enregistré ou pas d'abonnement pour un portable, et si vos références en ligne sont inhabituellement difficiles à trouver, alors vous devrez être considéré comme un candidat à l'inscription sur cette liste. Vous serez aussi sujet à un strict ensemble de nouvelles régulations, qui incluront un examen d'identité rigoureux dans les aéroports et jusqu'à des restrictions de voyage[1]. »

Qui va appliquer ces mesures ? « Chez Google Ideas, nous avons étudié la radicalisation partout dans le monde, particulièrement du point de vue du rôle que peuvent jouer les technologies de la communication. [...] Si les causes de la radicalisation sont similaires partout, alors les remèdes le sont aussi. Les compagnies technologiques sont *les seules* à être en position de mener cet effort au niveau international. Beaucoup des plus importantes d'entre elles ont toutes les valeurs des sociétés démocratiques *sans le lourd héritage d'un État* – elles peuvent aller là où des gouvernements ne peuvent pas se rendre, parler aux gens sans précautions diplomatiques et *opérer dans le langage neutre et universel de la technologie*. De plus, c'est l'industrie qui produit les jeux vidéo, les réseaux sociaux et les téléphones portables – elle a peut-être la meilleure compréhension de la façon de distraire les jeunes de tous les secteurs, et *les gamins sont le vrai terreau démographique des groupes terroristes*. Les entreprises ne peuvent peut-être pas comprendre les nuances de la radi-

1 *Ibid.*, p. 173, c'est nous qui soulignons.

calisation ou les différences entre des populations spécifiques [...], mais elles comprennent les jeunes et les jouets avec lesquels ils aiment s'amuser. C'est parce que nous captons leur attention que nous pouvons espérer gagner leurs cœurs et leurs esprits[1]. »

Aucune ambiguïté, jusque dans le cynisme affiché, sur le rôle de Google revendiqué par Schmidt et Cohen : positionner leur société comme le meilleur visionnaire du futur géopolitique impérial et totalitaire des États-Unis. Car c'est bien un empire totalitaire qu'ils esquissent.

Ceux qui ne participent pas aux joies de l'auto-répression et de l'auto-abêtissement doivent donc être inscrits sur une liste de bannissement potentiel et facilement exécutoire. La neutralité devient impossible, en tout cas coupable. Telle est la nature profonde de la politique de contre-insurrection, dont la cible n'a jamais été le terroriste ou l'ennemi armé des États-Unis, mais le citoyen ordinaire – le terroriste, l'anarchiste, le révolutionnaire ne sont que les épouvantails brandis afin de rassembler le troupeau. La méthode, bien qu'éculée, fonctionne toujours ; le citoyen ordinaire accepte une augmentation de sa sécurité pour lutter contre le terrorisme ou la marginalité, et il n'interprète pas cette augmentation de sa sécurité comme une limitation insupportable de sa liberté. Le lien n'apparaît pas puisque la vérité, banale elle aussi, claironne que celui qui n'a rien à se reprocher n'a rien à craindre de l'autorité.

Pourtant, la contre-insurrection n'a aucune efficacité contre l'ennemi désigné ; la France a perdu la guerre d'Algérie alors qu'elle menait une politique typique de contre-insurrection moderne ; les États-Unis ont perdu au Vietnam et n'ont pas pu empêcher le 11 septembre 2001 ; l'État colombien n'a pas éradiqué les FARC, etc. Et si l'Argentine, le Chili et tous les États parties prenantes au terrible plan Condor ont bel et bien massacré les prétendus subversifs de leurs territoires respec-

1 *Ibid.*, p. 180-181, c'est nous qui soulignons.

tifs, ce fut au prix de la négation ouverte et sans concession des libertés individuelles les plus basiques : abolition des droits constitutionnels et assassinats extrajudiciaires par milliers voire par dizaines de milliers[1]. Le système se trouve ainsi devant un dilemme : une contre-insurrection « démocratique » qui échoue, ou une contre-insurrection de type fasciste qui aboutit à un transfert du pouvoir à des forces antidémocratiques. La solution a consisté jusque-là à préférer d'abord la première option jusqu'à ce que son échec soit évident pour la classe dirigeante, qui n'a plus qu'à préparer l'opinion afin de l'entraîner vers la seconde option. Voici que Google et la culture numérique apportent une solution nouvelle à cet antique problème, en faisant croire que *le fascisme technocratique est démocratique*.

L'illusion – le spectacle, auraient dit les situationnistes – devient un rapport social entre des personnes qui laissent intact le système de domination en produisant le miracle et le mirage d'une nouvelle culture, la culture numérique.

Être enchaîné pour de vrai n'est rien si l'illusion d'être libre est elle aussi « pour de vrai ». La culture seule, l'illusion du choix culturel – entre musique classique ou indus, entre trip au Népal ou sentier découverte en Mauritanie, entre Flaubert ou Dan Brown... –, l'accès potentiel à des dizaines de milliards de pages web deviennent les soupapes de sécurité des individus à ce stade du système. Cette culture n'est que le vernis positif d'une politique de contre-insurrection généralisée – et Google est désormais la société planétaire qui, par la multiplicité d'outils numériques qu'elle propose, combine à la perfection culture apparente et contre-insurrection effective, en contrôlant à chaque instant, par ses puissants algorithmes, tout ce que l'internaute fait, vit, recherche, pense, produit. À chaque clic de navigation pour accéder à un site culturel, l'internaute renseigne, chez Google – et par consé-

1 Argentine, 32 000 personnes ont été assassinées sous le régime des généraux, dans les années 1970.

quent à la NSA – son profil psycho-politique, et ces données peuvent être conservées durant des décennies[1].

Et si cette « culture » s'appelle jeux vidéo, pornographie, cyberachat, news people ou mur Facebook, l'illusion culturelle est à son comble. Les responsables de l'Éducation nationale s'émerveillent des « productions écrites » nombreuses des collégiens sur le net, tout en omettant de préciser que la quasi-totalité de ces écrits sont destinés au remplissage de pages Facebook ou de blogs dans lesquels fusent en général les insultes et abondent, jusqu'à la nausée, les déconstructions structurelles de la langue, dévoilant une incapacité à se servir de ladite langue dans le but de raisonner. Sans oublier les SMS et autres courriers électroniques qui ne peuvent, en toute logique, être comptabilisés comme de la « production écrite » : l'écrit du SMS ou du blog n'a pas grand-chose à voir avec l'écrit; il relève plutôt de la transcription d'oral... Quant au système, sa hiérarchie reste hélas encore fondée sur la prééminence de la culture humaniste classique, c'est-à-dire écrite – pourquoi donc a-t-il fallu qu'à la Renaissance s'imposât ce fondamentalisme littéraire, alors que Rabelais parmi d'autres montrait la voie d'un humanisme politique concret ne se limitant pas aux joies de l'écrit[2] ?

Contre-insurrection effective, culture superficielle ou même absente : la prétendue amélioration de notre sécurité physique et économique n'en vaut certes pas le prix que nous la payons. La société humaine à venir serait dès lors réunie par cette nouvelle forme de culture apparente – d'illusion culturelle. Nous avons exposé les raisons très profondes et

1 L'utilisation de la liseuse Kindle d'Amazon ou de la tablette iPad d'Apple permettent là encore de savoir comment lit l'internaute, où il s'arrête dans un texte, ce qu'il annote, puisqu'à chaque connexion au site mère, toutes ces données sont enregistrées et traitées via des algorithmes...

2 Émile Durkheim, dans son cours *L'Évolution pédagogique en France*, a bien montré l'enjeu crucial que représente l'alternative entre l'humanisme rabelaisien et l'humanisme d'Érasme. Pour notre plus grand malheur, c'est Érasme, avec son culte de la correspondance écrite, de l'écriture en tout, qui l'a emporté, alors que Rabelais représentait une vision émancipatrice radicale de la culture.

nombreuses qui nous font douter de ce futur-là ; l'important est désormais d'esquisser le dépassement politique et quotidien de la situation actuelle.

Troisième mouvement : vers le dépassement

Le dépassement de la situation actuelle, vers l'émancipation de tous, individus comme groupes plus ou moins étendus, jusqu'à l'humanité dans son ensemble, ne passe pas par la reconquête des territoires culturels perdus, mais par la création de nouveaux espaces car les anciens ont été détruits et ne sont pas à regretter.

Les nouvelles normes éducatives, la disparition des matières culturelles « fondamentales » à l'école et le raz de marée des TICE[1] scellent la disparition de la culture ancienne, que nous prenons l'habitude de nommer « la culture du livre », pour bien définir l'opposition entre livre et écran – ce qui ne correspond pourtant qu'à une partie de la réalité historique. La victoire des compétences sur les connaissances, en réduisant l'être humain à un appendice du processus productif de la Mégamachine, n'assure pas avec certitude et sans accroc le renouvellement des élites du système lui-même car des doutes s'insinuent. Certes, les élites contrôlent le processus – ou plutôt croient maîtriser un processus qui leur échappe déjà et leur échappera davantage encore dans l'avenir, mais ce processus suit sa logique propre : il ne réclame que des servants, non des dirigeants. Demain, ces élites pourront jouir d'avantages matériels que l'on peut imaginer au moins aussi agréables que ceux qui échoient aujourd'hui aux détenteurs des postes de pouvoir. On peut pourtant supposer que ces avantages ne feront que rendre toujours plus évident le caractère profondément inégalitaire du cybermonde, avec le risque toujours pendant d'une explosion sociale fondée sur la vengeance attisée par

1 Technologies de l'Information et de la Communication appliquées à l'Éducation. Voir le portail http://tice-education.fr/ parmi de très nombreux autres.

les politiciens démagogues qui refleurissent par centaines et par milliers depuis la fin du XXe siècle.

De plus, la culture numérique ne correspond pas à un « enrichissement » culturel, malgré ce qu'en disent les adeptes du tout-numérique. Là où la culture d'avant pouvait jouer un rôle d'apaisement s'installe désormais la vacuité intellectuelle. Les pessimistes considèrent que ce vide éthique et culturel favorisera la prolongation à l'infini de l'oppression ; nous jugeons pour notre part que le terreau numérique va ouvrir toute grande la voie à toutes les démagogies, à l'intérieur même du consensus, mais aussi, ce qui est essentiel : l'imposition sans concession du numérique laisse béants des espaces réels, qui vont pouvoir accueillir toutes les tentatives innovantes à la marge. Face à la vacuité qui s'étend, la marge représente d'emblée un véritable territoire libéré.

Le dépassement

L'amoindrissement des connaissances fondamentales au profit de l'acquisition de compétences, dans leur immense majorité techniques et liées au monde des écrans, bouleverse la culture[1]. Tout ce qui est rapporté au domaine du papier devient synonyme de désuétude, de passéisme et d'inadéquation à la réalité. Pourtant, pour qu'un processus culturel s'enracine, il doit réunir de très nombreuses conditions. La plus fondamentale est le partage. Une culture n'a de sens que partagée par une population donnée. Il ne semble pas que les gourous du numérique envisagent cette adhésion de

1 Tel est le sens de l'orientation fondamentale de l'école en France, entrer dans l'ère du numérique, et des différentes « réformes » qui l'orientent sur cet axe. Notons cependant que le chemin vers le numérique est lui-même semé d'embûches : en mai 2015, le conseil général du Jura, qui avait dépensé 51 millions d'euros pour introduire les tablettes dans les collèges à partir de septembre 2014, a renoncé à poursuivre sur cette voie.

tous à leur culture autrement qu'en termes économiques, de contrainte, de contrôle et surtout de répression.

L'économie joue un rôle étrange dans la nouvelle culture du texte, car non seulement nous devons continuer à acheter les textes que nous lisons, mais également les appareils qui deviennent indispensables pour les lire. Auparavant, texte et livre ne formaient qu'un; maintenant, il y a l'outil et d'autre part les textes qu'il peut recevoir et emmagasiner. Comme si la culture ne pouvait plus passer que par un outil technologique. Détail? Beaucoup d'autres actes de la vie quotidienne deviennent impossibles sans la possession d'un ordinateur ou d'un téléphone portable. La désagrégation des services publics, comme la poste ou le chemin de fer, et bientôt de la santé, contraint les individus à se rallier aux solutions proposées par le monde numérique, ou à chercher tout à fait autre chose. Écrire une lettre sur une feuille en papier et l'envoyer sous enveloppe relève, selon la logique digitale, d'une vision passéiste de la communication écrite; il n'y a à ce jour que l'internet qui se présente comme alternative fiable. Se déplacer en chemin de fer souffre aussi de l'intrusion de l'internet : acheter un billet de train à un prix abordable implique de disposer chez soi d'un ordinateur pour choisir un horaire qui évite de payer une somme élevée voire ahurissante. Cette nouvelle pratique de la société dite nationale des chemins de fer a été rendue possible par l'informatique. Sans la capacité offerte aux pauvres de passer du temps rivés devant un écran pour tenter d'obtenir un billet de transport à prix moins élevé, il aurait été, sinon impossible, du moins beaucoup plus difficile de faire avaliser la disparition du rôle de service public des chemins de fer. L'intrusion du train à grande vitesse, qui est l'une des formes majeures du culte rendu à la vitesse, a entraîné aussitôt la fin de la tarification au kilomètre, qui régnait en toute logique dans le monde d'avant. Puis l'informatique s'étant répandue dans la plupart des foyers, voici venir les billets dont le prix est calculé en temps réel par un algorithme en fonction du moment où l'on achète son billet et du nombre de places déjà vendues sur le train choisi – de même que les compagnies aériennes pratiquent le marketing algorithmique depuis les années 2010. Une nouvelle révolution numérique et sociale, et non une simple révolution tarifaire, puisque grâce aux avancées techniques, nous assistons à l'abandon de l'idée que la possibilité de se déplacer d'un endroit à un autre sur le territoire national constitue un service public. Un véritable déni de société, puisque les individus se retrouvent atomisés au point de ne même plus payer le même prix pour un service identique.

La santé, parce qu'elle touche à des aspects plus personnels et pas seulement culturels, pourrait n'être pas aussi frappée par l'intrusion de la culture numérique. Cependant, l'informatisation des dossiers entraîne une formidable capacité de contrôle qui n'est pas encore utilisée pour réprimer des malades rebelles, ceux qui refuseraient de se soigner selon les critères dominants, mais qui entraîne déjà en partie des phénomènes de refus, de désobéissance, de recherche d'autres solutions à la maladie et à la souffrance, ou d'alternatives aux traitements médicamenteux[1]. Certes, la situation économique s'accommode tout à fait de ces patients qui, à la médecine officielle et en partie remboursée, préfèrent désormais les soins parallèles, qui ne coûtent rien à l'État. Mais il ne s'agit pas seulement d'une histoire d'argent : c'est un affrontement éthique, dont la forme de médecine que nous choisissons n'est que l'aspect superficiel. Les valeurs que porte chaque type de médecine diffèrent désormais si profondément que refuser la médecine du consensus est un choix.

1 Voir la formidable floraison de médecines dites douces ou alternatives que met en évidence le succès des livres sur ces méthodes (voir le classement des cent meilleures ventes sur Amazon, qui inclut pas moins d'un tiers d'ouvrages relevant de cette catégorie).

La culture numérique ouvre de nouveaux horizons, mais ces horizons sont virtuels. Ils sont à la fois exaltants et insatisfaisants. Exaltants parce que nouveaux, insatisfaisants car limités à l'hallucination collective qui ne peut tenir lieu de réalité. Cette déception amène une part qui semble toujours croissante de nos contemporains à explorer d'autres perspectives culturelles ; ils ne se contentent pas de l'illusion qu'offrent les écrans. Le malaise ne va pas encore jusqu'à la rupture de tous avec la culture numérique, mais plus le consensus numérique s'impose et s'efforce de dissoudre le réel dans le virtuel, plus des humains plongés dans ce bain digital travaillent à s'en extirper. Un dépassement de la situation actuelle se dessine donc. La culture numérique s'impose en même temps qu'apparaît au grand jour ce qui est au fond sa vérité : elle n'est que la culture du cybermonde ; elle n'a que faire d'un passé qu'elle nous invite à oublier, à exécrer. Elle nous propulse dans un temps où chaque jour est le premier du reste de notre vie, sans passé, dans l'oubli incessant de ce qui pourrait être un appui vers une autre direction.

Accepter la culture numérique signifie se soumettre à la totalité du cybermonde ; elle est intrusive et cherche à constituer une dictature totale. D'ores et déjà apparaît que le cybermonde ne relèvera pas de la démocratie ou de la liberté ; y échapper devient un objectif pour beaucoup.

La pédagogie devient révolutionnaire

L'enfance se trouve dans la ligne de mire du système et de sa technologie culturelle. L'État vise à imposer par tous les moyens le numérique dans les écoles, en usant de persuasion ou en légiférant sans dialogue. L'enjeu, prétendent les adeptes du tout-numérique, est de nous adapter à notre époque et de rester dans la course globale à l'innovation et à la compétitivité. Le numérique est aussi, en matière de réussite scolaire, une manière de sélectionner en éliminant tous ceux qui ne pourront pas s'intégrer au cybermonde et qui, *a priori*, sont les plus démunis économiquement[1]. Toujours le même jeu des classes possédantes contre les classes dominées...

Pourtant, un nouveau doute apparaît sur la pédagogie à mettre en place. Car l'invasion des écrans modifie le rapport avec les professeurs, les connaissances, et leur mode d'acquisition ne peut rester inchangé. Non qu'il s'agisse de permettre à de nouvelles catégories d'élèves de s'élever dans la hiérarchie scolaire. Surtout pas. Comme toujours, le défi est double : faire croire à la démocratie scolaire tout en organisant une sélection fondée sur d'autres critères que la stricte absorption de données et de connaissances ; empêcher ou au minimum contrôler les tentatives de contourner ce dispositif élitaire.

Le but de l'introduction des TICE est d'offrir à la prétendue société de la connaissance les servants dont elle aura besoin. Nous sommes très loin d'une école qui aurait pour seul souci « une tête bien faite plutôt que bien pleine[2] », soit un esprit capable de raisonner plutôt qu'un réceptacle empli de connaissances mais incapable d'opérer un lien entre elles. Avec les TICE, la tête n'est non seulement toujours pas « bien faite », mais elle se vide : les élèves, dans les ENT, les « espaces numériques de travail », apprennent pour l'essentiel les chemins informatiques à suivre pour aboutir aux connaissances présentes sur les sites web, auxquelles l'école ne parvient plus à les intéresser puisque la société elle-même tient ces connaissances en piètre estime.

1 Rappelons encore une fois que l'intégration du cybermonde n'implique pas d'être un as de l'informatique, celle-ci étant très intuitive. On peut s'intégrer en se convertissant au numérique à tout moment de sa vie.

2 Montaigne. Il entendait par « bien faite » : « fonctionnant de manière intelligente et raisonnée », et il opposait cette capacité à raisonner à l'accumulation de connaissances sans que le sujet soit capable d'opérer les liens utiles entre elles.

En revanche, l'Entreprise sait comment contraindre ses employés à ne savoir que ce dont ils auront besoin pour son service : par l'attrait du salaire, qui s'impose toujours plus comme l'alpha et l'oméga de la vie contemporaine consumériste et productiviste.

L'école numérique n'est plus qu'un centre de formation accélérée aux métiers de l'âge adulte. Ce glissement s'est manifesté en France dès 1976 avec la réforme de la secrétaire d'État Alice Saunier-Seïté. Celle-ci voulait – et y réussit – imposer de premières et encore timides participations du secteur privé à l'élaboration des programmes dans les universités, au nom du réalisme économique. Quarante ans plus tard, le système d'adéquation des universités aux Entreprises est très abouti, en France, à l'échelle européenne et même mondiale, par le biais par exemple des ECTS[1] ou des partenariats interuniversitaires mondialisés. L'intrusion du numérique à tous les niveaux de l'école, pensée sans souci pédagogique, remplit tout à fait le rôle qu'on en attend puisqu'il s'agit justement d'oublier toute pédagogie.

L'omniprésence du numérique ouvre la voie à la seule logique d'une articulation instantanée entre le présent et le futur très proche. Les études ne sont désormais plus conçues et choisies qu'en fonction de ce qui semble le plus important pour chacun dans le futur, surtout lorsque l'avenir est aussi incertain : avoir un emploi. Peu importe l'utilité sociale de cet emploi, son sens éthique, etc., tout ce qui compte étant la survie individuelle dans ce système-ci. Étudier, dorénavant, signifie s'adapter au monde de l'Entreprise, et rien de plus. Et comme l'avait montré Adam Smith, une « main invisible » rend l'addition de ces logiques de survie individuelle cohérente en tout avec le système. Presque tout, du moins : la propagande du consensus suffit jusque-là à rallier

1 Système Européen de Transfert et d'accumulation de Crédits, qui, grâce à l'acquisition de points, permet aux étudiants de passer d'une école à une autre dans les pays d'Europe.

les récalcitrants, mais sans elle, le système aurait sans doute déjà sombré.

C'est pour cette raison fondamentale que la révolution numérique à l'école est impensée en termes de pédagogie. Il ne s'agit pas d'un complot, tout juste de l'évidence qu'il se tisse un lien direct, qui se sera construit en trois ou quatre décennies à peine, entre l'école et l'Entreprise. Un lien de servitude. Nous vivons l'abandon de toute considération culturelle, de toute vision émancipatrice pour l'école, laquelle se réduit à n'être que l'antichambre du monde du travail.

Penser une pédagogie qui ne se fonde pas sur des outils numériques mais sur la critique du monde qu'ils dessinent devient dérangeant et pourrait bien jouer un rôle significatif dans la reprise de la lutte pour l'émancipation. Ces outils propagés et répandus aujourd'hui dans les écoles ne sont, pour l'essentiel, que des marchepieds commodes pour les industries numériques, qui habituent par ce biais les enfants à absorber le monde via les écrans, sans esprit critique. L'immédiateté et l'obsolescence de tout sont de puissants atouts pour cette imposition des outils numériques pensés par des sociétés dont le seul but est le profit et la conquête des esprits tout autant que des parts de marchés. La pédagogie émancipatrice non seulement n'est pas leur préoccupation, mais elle est même une ennemie à débusquer. De plus en plus, les professeurs sont contraints à appliquer les textes du ministère, en particulier ceux introduisant les tablettes dans tous les collèges et répandant les cours en ligne partout où cela est possible.

L'école démocratique est un leurre qui fonctionne encore très bien et ne semble pas près de s'émousser. Des analystes, des sociologues, des psychologues, des pédagogues déploient des trésors d'ingéniosité pour (se) persuader que, grâce au numérique et au web, la totalité des connaissances dont nous avons besoin se trouve d'un seul coup d'un seul accessible à tous, absolument tous. Les premières victimes de ces tours de passe-passe intellectuels sont le plus souvent leurs concepteurs eux-mêmes. Le processus est toujours à peu près le même[1]. Afin d'asseoir leur raisonnement, ils partent de banalités considérées comme incontestables, telles que « les connaissances accumulées sur la Toile sont infinies », « l'ère digitale, c'est l'inventivité sans limite », ou « Wikipédia démontre la capacité à tout partager ». Comme si le nombre inouï de pages web n'était pas en soi d'abord un obstacle et si y naviguer sans y sombrer ne demandait pas un niveau de plus en plus élevé de savoirs prérequis. Comme si l'inventivité dont serait porteuse l'ère nouvelle avait à voir avec le numérique, alors qu'elle n'a à voir qu'avec... l'inventivité de chacun, l'outil numérique n'étant en l'occurrence qu'un outil parmi des milliers pour se montrer inventif et créatif. Comme si, enfin, le partage advenait par magie dans un monde fondé avant tout sur l'affrontement et la course – aux profits, aux diplômes, aux bonnes notes.

Une fois ces fadaises pourtant acceptées et mises en avant, il est facile de broder de belles « pédagogies » numériques coupées du réel et ramenées à leur plus stricte expression. On peut affirmer par exemple que « majoritairement, les jeunes créent du contenu et plus d'un tiers le partagent sur internet[2] » puisque l'on a auparavant pris le soin de faire l'impasse d'une discussion sur le sens des mots « contenu » et « partage ». La quasi-totalité du contenu dont il est ici question consiste pourtant en blogs et en pages Facebook, dont on reconnaîtra sans difficulté qu'il ne s'agit pas de ce qui se fait de mieux en matière de raisonnement, d'argumentation et d'échange pacifié. Du coup, cette objection écartée parce que tue, on peut parler de partage

1 Voir par exemple comment cela fonctionne dans le numéro des *Cahiers pédagogiques* de juin 2012 ou dans le rapport de l'Académie de médecine, tous les deux déjà cités.

2 *Cahiers pédagogiques*, n° 498, juin 2012, p. 15.

puisqu'en effet, sur le net, les jeunes publient presque tout ce qui leur vient sous les doigts, sans que l'on se demande si cette immédiateté de la publication est une qualité ou un défaut, et si ce texte ou ces photos méritent en soi d'être partagés.

On ne peut s'attarder à décrypter une à une toutes ces études qui tressent des louanges aux *digital-naïfs* et s'émerveillent de « contenus partagés » aussi futiles et abêtissants, privilégiant l'immédiateté donc l'obsolescence. Les principes de base sur lesquels elles reposent n'ont rien de nouveau ni d'exceptionnel. Il est plus essentiel d'insister sur le futur probable de l'école – sa privatisation-disparition – et sur le rôle éminent que la pédagogie peut désormais jouer.

Vers la disparition très rapide de l'école

Tout converge désormais : les cours ouverts massivement en ligne (les MOOCs, selon leur sigle anglo-saxon) permettent à un professeur d'enseigner à des centaines voire des milliers d'élèves à la fois; la violence des cours de récréation au collège et dans de nombreuses écoles primaires disparaîtra lorsque plus aucun élève ne sera contraint de venir dans ladite cour d'école et restera chez lui devant son écran; l'entretien des locaux coûtant cher, surtout dans une société en proie aux crises économiques, il sera tout à fait avantageux de vendre ces locaux; les cours privés étant en expansion, les enfants de la classe dominante n'ont plus besoin d'aller à l'école républicaine car pour eux, les solutions alternatives existent et sont déjà en place; le travail de sape des médias et de la plupart des partis politiques contre le monde enseignant – résidu tenace du pétainisme, dont la haine du Maréchal pour les instituteurs fut une caractéristique centrale – a depuis longtemps créé les conditions psychologiques et politiques nécessaires au remplacement de l'école des « maîtres » par autre chose. Le numérique fournit enfin cette « autre chose » : une école chez soi via un terminal. Cependant, le coût financier et des problèmes d'infrastructures retardent sans cesse l'introduction généralisée des tablettes dans les collèges français, qui devait, à partir de 2014, sceller la numérisation définitive de l'école.

Aux États-Unis d'Amérique, dans la plupart des États, on n'apprend plus à écrire à la main depuis le début des années 2010[1]. En Australie, l'école via terminal informatique est une réalité depuis la fin des années 1990[2]. En France, certaines universités fonctionnent sur le type « MOOC », l'université d'excellence Paris VI-médecine ayant montré la voie dès 2012[3], et chaque année, de nouvelles facultés annoncent leur transition vers le numérique. Il n'est dès lors pas irréaliste de penser que, d'ici le milieu des années 2020, le collège, cible privilégiée de toutes les critiques[4], aura disparu.

Face à cette entreprise de destruction de l'école née à l'époque du livre et que ne vont pas remplacer les espaces numériques de travail, des vides gigantesques se creusent,

---

1 http://www.wikistrike.com/article-etats-unis-l-ecriture-manuscrite-devient-optionnelle-115734992.html

2 http://dlibrary.acu.edu.au/digitaltheses/public/adt-acuvp401.01052013/index.html

3 Les étudiants peuvent en effet y suivre l'intégralité des cours magistraux depuis chez eux, en direct, avec la possibilité de faire des pauses sans rien perdre du cours, qui reprend automatiquement à l'endroit où l'étudiant l'a interrompu.

4 Certaines de ces critiques sont justifiées, car le collège est une véritable guillotine sociale, qui sélectionne les enfants d'abord en fonction de critères extra-scolaires : les enfants qui ne bénéficient pas du soutien intellectuel et culturel de leurs parents sont les premiers à décrocher. C'est donc bien en dehors de l'école que s'opère une discrimination, que l'école républicaine s'avère, dans l'état actuel du système (programmes, type de notation, et surtout pédagogie !) incapable de corriger. Cette vérité se constate notamment dans les collèges « difficiles », par des discussions avec les enfants, ou encore avec certains enseignants. Voir le Conseil national d'évaluation du système scolaire, rapport de mai 2015, http://www.cnesco.fr/etat-des-lieux-mixite-ecole/. Voir aussi le manifeste du groupe HUKO (Huxley-Ubu-Kafka-Orwell) : *France, 2025 : le collège disparaîtra, bon débarras !* disponible chez groupe.huko@autistici.org

qui ne demandent qu'à être occupés. Les contradictions dans le monde contemporain et le cybermonde en construction restent énormes, et pour la plupart se creusent, donc restent visibles. Or, il est impossible de tout cacher, même si, depuis l'invention de la télévision et plus encore du web, cacher en montrant est l'une des solutions les plus élaborées que le pouvoir utilise pour masquer sa politique et rejeter chacun dans le champ de l'impuissance à changer le monde.

Il se trouve que le monde n'est pas pacifié. De là, naissent de possibles dépassements de la situation, aussi terrible soit-elle. La pédagogie peut désormais jouer sur cet axe : les sentiments humanistes généreux, qui restent très présents chez une large part de la jeunesse, se heurtent très vite aux institutions quelles qu'elles soient, à commencer par l'école et la famille. De cette difficulté à entrer dans la vie peut naître une soumission rapide, ou une révolte. C'est à la pédagogie qu'il revient désormais, dans l'institution comme en dehors, de nourrir cette révolte, de la faire s'épanouir et se construire.

Plus l'individu se sent méprisé, voire broyé par le système, plus il va devoir compenser. Ce pourra être en opprimant plus faible que lui, ainsi que La Boétie l'a montré. Ce peut être aussi en s'abandonnant à la douce hallucination des mondes virtuels – au XIXe siècle, les poètes ont chanté la langueur des tropiques et le bonheur des drogues diverses. Ce peut être encore en choisissant de se lancer dans la course au profit, au pouvoir, à l'accumulation d'objets de prestige. Ce peut être enfin en entrant en conflit avec ce qu'on réprouve.

Le problème fondamental de ce pouvoir comme de tout pouvoir n'est toujours pas réglé car il ne peut l'être : chaque système est un Reich qui voudrait durer mille ans et qui utilise à cette fin tous les moyens à sa disposition, tout ce qu'il considère comme légitime afin d'œuvrer à sa perpétuation – et à l'oppression des opposants. Avec le numérique, nous ressentons que les limites de la légitimité ont été repoussées très loin de ce dont nous avions l'habitude, puisque nous acceptons désormais d'être sous surveillance électronique via le net et que toutes nos petites manies soient mises à profit par des commerciaux de toutes sortes via les portraits virtuels qu'ils dressent de nous. Mais le cybermonde va-t-il pour autant durer mille ans ?

Tout dépend de nous, comme toujours. Du « nous » que nous pouvons former contre l'oppression. Ce sont cependant les moyens à utiliser que nous devons reconsidérer. Le dépassement de la situation actuelle, d'abord par le système lui-même, a rendu caducs un certain nombre des outils que nous appréciions, comme la grève[1]. Le militantisme « traditionnel » est lui aussi condamné à disparaître à court terme. Le champ même d'intervention n'est plus le même : dans une société qui tâche de prendre le contrôle de l'individu très tôt, dès sa jeunesse, l'intervention politique doit débuter elle aussi de plus en plus tôt, pour amener à la résistance d'abord, au refus de la manipulation ensuite, à la création d'espaces de liberté enfin.

La pédagogie doit redevenir cet art de « conduire l'enfant », non pas en l'admonestant ou en l'endoctrinant, mais en lui faisant découvrir l'infinité du monde et des possibles qui s'offrent à toute vie.

---

1 Voir Raoul Vaneigem, *Modestes propositions aux grévistes*, Paris, Verticales, 2004.

Marge et utopie

La tension vers une société où l'outil numérique ne serait qu'outil, dans laquelle il ne dicterait rien des contenus culturels, anime le mouvement de dépassement de l'actuelle médiocrité culturelle globale et d'apparition d'un au-delà du cybermonde.

Le déferlement numérique n'est pas en soi un péril. Seules s'en trouvent modifiées les conditions de la lutte pour notre émancipation. Le numérique accélère le temps, et dans le même mouvement, tout reste d'une effroyable pesanteur. Rien ne bouge de ce qui fonde ce système ; c'est à l'écume des choses que tout bouillonne, tandis que les croyances les plus profondes persistent – le progrès suscite une foi des plus fanatiques, malgré Fukushima, les scandales alimentaires, le chômage à échelle planétaire, les guerres impitoyables d'Afrique centrale, les désastres écologiques ou la surveillance informatique et algorithmique généralisée. Le consensus politique s'étend : les humains « conscients », apeurés par la complexité croissante à laquelle ils participent, ne voient plus d'autre issue que de sauver le système qui les broie. Certains se lancent alors dans une course folle vers la technologie, avec l'espoir que la génération suivante – ou celles qui suivront – verront se lever une sorte de Nouvelle Aurore. Tandis que d'autres – une part croissante ? – n'y croient plus du tout.

Nous nous trouvons dans une situation de mécréance passive généralisée. La plupart d'entre nous ne croient plus à rien – à part au progrès – et restent d'une passivité intégrale devant l'évolution du monde – puisque l'essence même du progrès, qui est l'avancée technique, leur échappe et leur reste tout à fait abstruse, de plus en plus. Tel est en tout cas le résumé que l'on pourrait tracer de notre époque. *Ne plus croire en rien revient à croire en cette époque.*

Le faux est un moment du vrai et réciproquement; l'on prend de véritables décisions sur la base de fausses informations ou de fausses sensations – l'inverse étant tout aussi exact puisque la manipulation n'est plus, depuis longtemps, l'apanage du seul camp de l'État et de l'Entreprise[1]. C'est tout pouvoir, en place ou se proposant à l'alternance, qui manipule, ment et dit vrai, dans un jeu où certains tentent encore de démêler le bon grain de l'ivraie...

La mécréance passive, pourtant, ne gangrènera jamais la totalité du corps social. La société survit malgré et contre tout, dans le consensus qui écrase ou dépasse les prétendues divisions droite-gauche, révolution-réaction. Face à cette situation politique, militaire, écologique, sociale et culturelle, une marge perdure. Elle ne cherche pas seulement à se maintenir : dans une dialectique du dépassement, elle vise à constituer, ou reconstitue sans cesse, ce qui est la base même de tout acte politique. La marge est un territoire libéré. Elle n'est ni à gauche, ni à droite. Le critère de l'opposition droite-gauche n'a plus de sens; ceux qui s'opposent au pouvoir, à tout pouvoir, sont à la marge. Ils remettent en question des aspects plus ou moins étendus des institutions, de toutes les institutions. La remise en cause abstraite de l'État comme de l'Entreprise ne suffisant pas, la marge agit et se bat pour cette remise en cause concrète contre le consensus, contre le monde du travail, contre les algorithmes qui dictent les décisions quotidiennes consensuelles. L'affrontement marge contre consensus est seul à faire encore sens dans notre monde où droite et gauche ne sont qu'alternativement des vrais moments du faux et de faux moments du vrai.

---

1 C'est ainsi que des « écologistes » montent en épingle des incidents nucléaires mineurs parce qu'ils ne sont plus capables de prôner un arrêt immédiat pour éviter la catastrophe – comme c'était le cas jusqu'au début des années 1990. Fukushima (2011) semble ainsi encore insuffisant pour arrêter une technique aux conséquences environnementales et humaines, et au-delà sur la vie même, désastreuses.

Du côté du pouvoir, l'aristocratie forgée durant le combat courageux face à l'horreur nazie a été écartée par son ennemie jurée, la « kakistocratie », soit le « pouvoir des pires ». Le chemin du pouvoir est si bien balisé – il suffit d'avoir de l'argent, des relations et éventuellement sortir d'une grande école – que même des individus médiocres peuvent le suivre jusqu'au sommet[1]. Le chemin du pouvoir est lui-même comme l'application d'un algorithme, indiquant sans coup férir le moyen pour la caste au pouvoir de s'y maintenir. La France en est un cas emblématique depuis l'avènement de François Mitterrand en 1981, politicien de peu d'envergure qui organisa un faux attentat pour se remettre en selle, et ne cessa, tout au long de son parcours, d'accumuler manipulations, mensonges et renoncements. Ceux qui l'ont suivi à la charge suprême et la plupart des ministres depuis un demi-siècle illustrent la prise du pouvoir par cette kakistocratie sans envergure culturelle ni intellectuelle, encore moins politique. Ailleurs, le schéma est à peu près identique partout dans l'Union européenne, et bien sûr aux États-Unis d'Amérique, en Russie, au Brésil, en Inde ou encore en Chine ou au Japon. Ce phénomène n'a rien d'extraordinaire en soi : à partir du moment où l'on préfère baliser les chemins plutôt que de risquer l'aventure d'une « grande politique », il est inévitable – comme sur les chemins touristiques – que des individus sans éthique ne s'y risquent à leur tour, et, par des moyens médiocres comme la prise du pouvoir au sein d'un parti ou l'élimination par la rumeur de concurrents gênants, écartent leurs adversaires. L'avènement de l'informatique ne renforce pas ce processus, mais ne le contrarie en rien, contribuant même à la normalisation des comportements de tous dans la société. Plus les comportements seront normalisés, depuis les bornes biométriques à l'entrée des cantines scolaires jusqu'aux cookies indésirables surveillant les ordinateurs personnels en passant par la géolocalisation et la sur-

1 Voir Jacques Rancière, *La Haine de la démocratie*, Paris, La Fabrique, 2005.

veillance étatique officielle, qui transforme chacun en suspect potentiel[1], plus l'extraordinaire sera banni de la vie politique et sociale. Le système actuel en aurait pourtant besoin car sans personnel politique capable d'assumer quelques décisions exceptionnelles, il risque de sombrer dans l'inanité et de laisser la place à qui voudra bien ramasser le pouvoir. D'où la montée du risque de la démagogie extrémiste.

Du côté de la marge, le déferlement de la culture numérique a entraîné une nouvelle division, entre la marge qui s'insinue dans le numérique et cherche à le saboter, et celle qui, en dehors du numérique, reconsidère la totalité de son mode d'exister. Dans tous les cas, la marge n'est pas une alternative : elle se présente comme une lutte sans fin ; à la différence des alternatives postérieures aux années 1960, elle ne vise pas un ancrage dans l'ici et maintenant ; sa force et sa faiblesse résident dans sa capacité à anticiper toujours. Le monde numérique étant lui-même issu de la contestation d'un certain type de domination – l'autorité traditionnelle, dont le livre universitaire était l'un des symboles, vite englouti par la vague numérique –, des formes de contestation profondes subsistent en son sein. Les sites qui se veulent ancrés dans le local sont des exemples de cette contestation au cœur même du monde numérique[2], une tentative de reprendre à leur compte la version libertaire originelle du web. Mais il n'empêche que les années 2010 ont vu la désillusion de ceux qui croyaient encore aux vertus libertaires de l'internet des débuts...

Territoires libérés

À la marge de la marge, en dehors du monde numérique, une autre marge reste consciente de son caractère utopique,

1 Loi Cazeneuve, 5 mai 2015.

2 On pourrait citer de nombreux exemples mais à chaque fois, il faudrait les analyser dans le détail et de l'intérieur.

en tension vers une émancipation humaine. Cette marge constitue un « territoire libéré », au caractère certes aléatoire et temporaire, mais d'une importance politique fondamentale.

Le « territoire libéré » n'est pas une nouveauté. Durant l'Antiquité, certaines révoltes d'esclaves se sont pensées comme des enclaves de liberté. Dans les années 1520, les paysans allemands en révolte, guidés par Thomas Munzer, étaient eux aussi en train de constituer un territoire libéré[1]. Au XIXe siècle, le territoire libéré était à la fois théorisé et pratiqué sous la forme des communautés utopiques. Plus près de nous, les Tupamaros uruguayens, en cherchant à instaurer ce qu'ils appelèrent *el doble poder* (« le double pouvoir »), opéraient une première déterritorialisation réelle du pouvoir – ce que les communautés utopiques du XIXe siècle n'avaient pas imaginé, puisqu'il s'agissait à l'inverse d'acheter un territoire qui deviendrait autonome. Avec les Tupamaros, le point fondamental est qu'un territoire libéré existe partout à l'intérieur du territoire contrôlé par l'État dictatorial militaire, au point qu'il existe également un double pouvoir qui coexiste avec le pouvoir officiel. Ce double pouvoir n'est pas à côté, en ce sens qu'il y aurait un pouvoir auquel s'adresser pour tel motif, et un autre pour tel autre. Au contraire, ce double pouvoir est, dans le pays, à la fois pour le peuple, par exemple en organisant la fourniture de nourriture ou de soins de santé, et contre les représentants les plus élevés du pouvoir officiel, qu'il combat. À un certain moment, un territoire était dès lors libéré s'il s'y accomplissait quoi que ce soit que le pouvoir officiel ignorait ou ne pouvait pas empêcher, une réunion ou une redistribution de nourriture[2]. Le territoire libéré n'est plus géographique, il devient conceptuel et sa marque tient dans la rupture d'avec le système et dans

1 Voir Maurice Pianzola, *Thomas Munzer ou la Guerre des Paysans*, Paris, Ludd, 1997.

2 Voir l'ouvrage fondamental de José Harari, *Contribución a la historia del MLN (Tupamaros)*, Plural, 1987, qui regroupe tous les textes essentiels des Tupamaros et retrace leur combat.

la radicalité de la lutte, à l'époque et en Uruguay clandestine et illégale.

Le double pouvoir n'est pas un contre-pouvoir qui ne se pense qu'en opposition au pouvoir en place. Le contre-pouvoir, par exemple celui que développa Malcolm X dans les années 1950 et jusqu'à son assassinat en 1965[1], se pense entièrement contre le pouvoir capitaliste et blanc, et ne vise pas l'établissement d'un pouvoir noir au cœur même de la nation américaine, coexistant avec le pouvoir blanc. Il est plutôt une réponse politique à la répression, et une tentative de la limiter, voire de la faire cesser. Le caractère du double pouvoir est beaucoup plus offensif et subversif, puisqu'il s'agit de reprendre à sa charge toutes les fonctions sociales et culturelles que l'État choisit de ne pas remplir pour accentuer sa pression sur les opprimés.

De nos jours, ce sont les États eux-mêmes qui portent des coups décisifs à la conception traditionnelle et antique du territoire lié au lieu. Le renforcement de certaines frontières a pu laisser croire que le territoire resterait bel et bien fermé et réel, mais des frontières furent abolies, par exemple dans l'Union européenne... au moment même où d'autres enclos, plus petits, s'élevaient en son cœur. Ainsi, les « communautés fermées » *(gated communities)*, très répandues outre-Atlantique, au Nord comme au Sud, s'implantent en Asie et désormais en Europe, partout. Véritables enclaves privées, elles sont souvent dotées de leur propre police ou milice, et de leurs propres systèmes de lois. De leur côté, les États créent leurs propres zones d'exclusion du droit, comme, en France, les zones d'expulsion pour les étrangers sans papiers[2], dans lesquelles le droit est nié par l'État qui s'en prétend pourtant le garant. De cette hiérarchisation très nette des statuts territoriaux, qui vont de

1 Voir Philippe Godard, *Malcolm X : « Pensez par vous-mêmes »*, Paris, Syros, 2006.

2 ZAPI : « zone d'attente pour personne en instance », comme les a baptisées la novlangue des technocrates français.

l'enclave privée et surveillée au territoire ouvert à presque tous les vents, est née une incompréhension, une incapacité de nos contemporains à comprendre ces bouleversements. Ce nouveau caractère flottant des frontières, à l'intérieur même des territoires étatiques et leur abolition parfois entre États créent une première avancée vers la perte de sens du territoire. Enfin, l'internet accentue et couronne cette déterritorialisation du monde. Les MOOCs peuvent ainsi être analysés comme une déterritorialisation radicale de l'université, qui n'est plus désormais ancrée dans des bâtiments, une bibliothèque, des amphithéâtres...

Le territoire contrôlé par un État se retrouve ainsi mité d'une multitude de petits trous, qui s'agrandissent. Certes, les territoires que l'État concède à des personnes privées ou à ses activités honteuses ne sont pas des territoires libérés; ces zones dans lesquelles l'État n'exerce plus la totalité de son pouvoir marquent cependant un premier et profond détachement de l'État du territoire physique qu'il contrôle. Désormais, l'intrusion du numérique donne un sens éminent à ce territoire déterritorialisé. D'un coup, le territoire n'est plus du tout un lieu, peut-être un écran, peut-être surtout plus rien qu'une illusion puisque les Googlemen évoquent la possibilité d'États virtuels et pourtant réels[1]. La vie n'est plus uniquement réelle et concrète; elle devient réelle et virtuelle en partie voire en totalité. D'autant que l'État ne peut plus prétendre contrôler tous les territoires numériques, ceux-ci étant, par définition, déterritorialisés et même illusoires. De plus, il se crée chaque jour une multitude de ces territoires virtuels que sont les sites web. Deviendrait-il donc possible d'échapper à l'État?

Les territoires libérés à l'intérieur même de la Toile se présentent comme de simples appendices virtuels à un monde réel qui, lui, continue sur le chemin du Malencontre, comme

1 Dans Eric Schmidt et Jared Cohen, *The New Digital Age*, déjà cité, p. 101 de l'édition originale américaine, où les auteurs évoquent la possibilité d'un État kurde virtuel en .krd.

le disait La Boétie : la mauvaise rencontre avec le pouvoir et la servitude volontaire. Dans ces territoires libérés virtuels se joue peut-être une partie gagnante contre le consensus numérique. Les Anonymous et Wikileaks, les deux groupes d'activistes les plus connus agissant dans cette optique de la contestation numérique, comptent parmi ces créateurs de territoires libérés. Pour Julian Assange[1], la cryptographie est la méthode qui permet d'échapper aux États, aux sociétés d'informatique policière mondiales, et de créer ainsi de la liberté en utilisant l'internet; si le pouvoir ne peut nous lire, nous sommes libres.

L'illusion de la libération virtuelle n'aura jamais été aussi forte, le cybermonde multipliant les expériences narcotiques hallucinatoires. Cette libération, par le fait même qu'elle n'a aucune transposition dans ce que la vie conserve de réel, n'est pourtant qu'illusion. Car même en restant fasciné par l'écran, il se trouve que le cybercitoyen doit pourtant continuer de satisfaire quelques banales nécessités de base – manger et payer ses impôts, se laver et aller travailler. On peut imaginer que, dans un avenir proche, il ne sera plus obligatoire de sortir de chez soi pour toutes les obligations légales – déjà, l'on peut obtenir par exemple un grand nombre de papiers administratifs directement chez soi, à condition d'avoir un ordinateur, une imprimante et une carte bancaire – mais il n'empêche que les impôts, même reçus via un site web, doivent être réglés. On peut désormais se faire livrer sa nourriture chez soi, là encore via l'internet, mais ce que l'on mange dépend encore d'un système bien réel, qui fournit de la nourriture elle aussi réelle, trop réelle, dont la piètre qualité a un impact sur le cybercitoyen addict. Ces nécessités de base et quelques autres semblent pour l'heure et pour longtemps indépassables.

---

1 Voir Julian Assange, Jacob Appelbaum, Andy Müller-Maguhn et Jérémie Zimmermann, *Cypherpunks. Freedom and the Future of the Internet*, *op. cit.*

Des enclaves libérées temporaires

Le processus qui vise à la libération peut cependant choisir de ne pas rester cantonné aux seuls mondes virtuels, et se dérouler dans la vie « actuelle », comme disent les technophiles, où sa portée subversive est plus évidente. En dehors du monde engagé sur la voie numérique, une autre marge prend le contre-pied de la totalité du consensus : hors culture de masse et hors monde numérique. Cette marge invente des enclaves libérées, qui ne sont, pas plus que celles « occupées » par les Anonymous ou Wikileaks, des zones cartographiées ; de plus, ces territoires libérés ne sont que « temporaires » – une libération définitive signifierait que le territoire serait bel et bien devenu un terrain physique échappant à l'emprise de tout État. Ce sont ces enclaves-là que nous appelons des « nous-sommes », d'après les deux mots de Camus dans sa fameuse phrase : « Je me révolte, donc nous sommes[1] » – car nous faisons nôtre ce sens de révolte collective, révolte parce que collective.

Ces nous-sommes sont révolte en actes, parce qu'ils naissent dans l'agir et seulement là – nous limiter à les penser ne servirait à rien ; les pratiquer, les construire, les agir représente tout. Jamais virtuels, et au contraire tout ce qu'il y a de plus réel, concret et quotidien, en pleine conscience de ne pas participer au consensus, ils ne sont que temporaires puisque toujours menacés d'être regagnés, récupérés, balayés par les institutions, le système, le consensus, de toutes les façons possibles.

Ces enclaves s'inspirent – forcément – de tout ce qui a pu se produire depuis que la contestation de l'ordre existe, et l'on pourrait remonter fort loin, en dehors des domaines politiques traditionnels. Ainsi, les « républiques d'enfants », telles que celle créée par Janusz Korczak à Varsovie avec des orphelins juifs et catholiques, relèvent d'un nous-sommes au

1 Albert Camus, *L'homme révolté*, Paris, Gallimard, 1956, à la fin de la 1re partie.

sens où nous l'envisageons. Korczak hébergeait des dizaines d'enfants dans deux grandes maisons, que tous, adultes et enfants, administraient eux-mêmes, sur le modèle d'une république n'opérant aucune discrimination par l'âge. En 1942, les SS vinrent chercher les enfants de cette république-là, pour les déporter à Treblinka. Korczak partit avec eux, alors que les SS le laissaient libre, lui, l'adulte. Ce n'étaient pas des enfants qu'ils emmenaient à la mort, mais des parcelles d'une collectivité vraie, dont Korczak ne voulut pas se détacher. Les bourreaux de Treblinka crurent dissoudre ce groupe en l'engloutissant dans le silence absolu, mais parce qu'il resta un collectif jusqu'au terme, rien n'a été englouti[1].

Les « radeaux » que Fernand Deligny créa et anima dans les Cévennes entre 1969 et 1984 relèvent aussi de cette victoire sur l'horreur. Deligny et ceux qui le rejoignirent vécurent avec des enfants autistes, en « présence proche » comme il le dit : ni soignant, ni gardien. Il ne s'agissait que de permettre à ces enfants de vivre une vie en liberté, autre que celle que leur promettaient l'institution psychiatrique et l'industrie du médicament – ambition inouïe en réalité. Deligny en tira une réflexion originale sur le langage, dans laquelle il apparaît que chacun des « radeaux » ainsi à flot, avec difficulté, se constituait en une enclave libérée : enfants autistes et présences proches ensemble[2].

D'une ampleur bien moindre, un « Forum » animé dans deux collèges, dont un en zone d'éducation prioritaire, réunit depuis 2009 des élèves et deux adultes. Ce sont les élèves qui décident du choix des thèmes abordés et discutés; l'un d'entre eux préside à tour de rôle la séance et distribue la parole. Dans l'institution, ce forum constitue un lieu d'émancipation de la pensée, d'ouverture des esprits aux autres, la tentative d'élaboration d'une relation autre entre adultes et enfants ou adolescents, dans la conscience

1 Voir Romuald Aviet et Michèle Mialet, *Éducation et démocratie. L'expérience des républiques d'enfants*, Nîmes, Champ Social, 2012.

2 Voir Fernand Deligny, *Œuvres*, Paris, L'Arachnéen, 2007.

de la tentative, puisque chaque participant sait qu'il s'agit là d'un mode de faire qui ne rentre pas, *a priori*, dans le cadre de l'institution[1].

Tout territoire libéré qui a la conscience de se situer hors consensus et qui est prêt à se défendre pour conserver cette qualité, qui cherche même à s'agrandir constitue une enclave, même si celle-ci n'est, dans de nombreux cas, que temporaire. Cette absence de durée résulte de la constatation qu'il faut bien construire du temporaire avant d'espérer le moindre ancrage territorial qui signerait un stade de transformation du réel plus avancé. La convergence des territoires libérés temporaires vers une plus grande autonomie et une durée prolongée constituera l'un des buts à atteindre au fur et à mesure que le cybermonde prétendra étendre son emprise sur nos vies.

La marge n'est pas l'alibi du non-changement

La marge n'est pas une alternative molle, une façon de se retirer du monde sans plus combattre. Le consensus qui se généralise pousse la marge à rester en éveil, en activité, à se constituer en opposition face à la dépersonnalisation portée par le web. La marge ne se borne pas à une vague d'indignation, ni à une alternative tranquille. Non pas que l'indignation et l'alternative soient inutiles, loin de là, mais on ne passe à la marge qu'en attaquant le consensus.

Il est possible que nous vivions une époque de marche très rapide vers la dictature. De nombreux éléments y concourent. L'internet est l'outil rêvé pour instaurer une « démocrature[2] » mondiale, un laminage de tout ce qui se présente encore comme minoritaire ou, *a fortiori*, marginal et en opposition. Les marchés financiers, eux, sont déjà passés à ce stade,

1 Voir *Tentative d'un « nous sommes » temporaire*, http://contrebande.org/spip.php?article74.

2 Selon le néologisme d'Eduardo Galeano.

mais ils rencontrent des oppositions vives, du fait même que leur mode de gouverner le monde est catastrophique[1]. Le fichage généralisé, également rendu possible et si facile grâce aux avancées du cybermonde, est lui aussi porteur d'inquiétudes politiques et éthiques, en ce qu'il touche au cœur même de la liberté de chacun.

Au-delà des éléments les plus spectaculaires du cybermonde que sont l'ubiquité généralisée de chaque porteur de smartphone, l'immédiateté des transferts incessants et quotidiens de milliards de dollars et le fichage de la population mondiale mise sous écoute, le gouvernement par les algorithmes est le cœur d'un futur dictatorial qui n'est possible que par l'internet[2] et à la marge duquel il importe donc de nous maintenir. La puissance de calcul des algorithmes et la fascination qu'ils exercent sur les dirigeants, qui ne sont que des fabricants de consensus, laissent en réalité de véritables espaces, insaisissables parce qu'imprévisibles, aux marges de ces algorithmes. En effet, par utilitarisme politique, les algorithmes des États ou des Entreprises ne sont programmés qu'afin de déterminer des courants dominants. L'imprévisibilité de la marge devient dès lors l'un de ses atouts les plus marquants.

Ainsi, nous n'entendons pas rester passifs. La marge n'est pas l'alibi du non-changement. Elle n'est pas retrait du monde et laisser-faire, laisser-détruire. C'est à l'inverse, à partir de cette remise en cause radicale de l'ordre imposé par le cybermonde, que des formes culturelles combattantes nouvelles émergent. La piste des enclaves libérées est l'une des plus porteuses parce qu'elle est praticable par chacun. Elle n'est pas d'avant-garde, elle n'est pas non plus attentisme – l'attente du Grand Soir devrait plutôt être cataloguée dans les messianismes nombreux que l'humanité a su s'inventer

1 Voir Massimo Amato, Luca Fantacci, *Come salvare il mercato dal capitalismo* (« Comment sauver le marché du capitalisme »), Donzelli Editore, 2012.

2 Ce qu'une universitaire belge, Antoinette Rouvroy, nomme la « gouvernementalité algorithmique ».

pour se rassurer – ni simple spontanéisme. Elle naît de cette constatation de toutes les époques : toujours, certains n'ont pas voulu sauver le système qui les broyait[1].

1 Voir *Manifeste pour une désobéissance générale. Ne sauvons pas le système qui nous broie*, Sous-Comité Décentralisé des Gardes-Barrières en Alternance, Le Passager Clandestin, 2009 : http://lesinsoumis.org/wp-content/uploads/2011/02/Manifeste_Pour_Une_Desobeissance_Generale.pdf

Conclusion

La culture du livre est en passe d'être écartée et ne subsistera que d'une façon résiduelle, comme les cultures orales qu'elle avait mis cinq siècles à vaincre. Au cœur de ce résidu, pourtant, tant des cultures orales que de la culture du livre, et à l'intérieur même de la culture numérique, subsiste une marge. Elle se différencie de la culture du consensus en ce qu'elle s'oppose à l'atomisation de la société et à l'aliénation des individus atomisés, que la culture numérique intensifie. Ce n'est pas une simple passation de pouvoirs culturels, un banal changement de paradigmes ; c'est un combat politique authentique.

La société du consensus spectaculaire se dissout sous les coups de boutoirs de ce dont elle a accouché : une culture de la pure illusion, qui a pris la forme technique de pixels sur des écrans. Cette illusion porte en elle de formidables contradictions, dont la destruction des connaissances au profit des compétences, puis de celles-ci, submergées par l'incompétence dans tous les domaines, n'est pas la moindre.

Un système, pour survivre, doit au moins engendrer les cadres qui le maintiendront en activité. Il n'est pas certain que l'actuelle culture numérique soit capable de fournir, à assez court terme, les têtes pensantes qui sauront faire perdurer l'ensemble. Car l'immédiateté de toute chose, la fausse confidentialité érigée au rang de vertu tout autant que la fausse transparence, le texte toujours mouvant et changeant, changé, etc., caractéristiques qui contrecarrent l'émergence de la pensée, gênent tout autant l'apparition de penseurs stratégiques du consensus numérique.

À l'inverse, on peut imaginer que les stratèges humains faisant défaut soient remplacés par de purs algorithmes; l'avènement – actuel – de l'ère de la gouvernementalité algorithmique en est l'indice. Les décisions les plus importantes seront alors le fait des machines elles-mêmes, dans la mesure où c'est l'algorithme qui, à chaque dilemme, recherchera la meilleure solution. Mais cette vision, juste pour les décisions infrastratégiques qui sont déjà largement le fait des algorithmes, peut-elle l'être pour les décisions stratégiques engageant la globalité du système, la Mégamachine elle-même ? Il s'agira alors d'éviter l'effondrement...

* * *

Une infinité de possibles continue et continuera de s'ouvrir à tout être qui vient de naître. Face à cette exubérance potentielle, la société s'attache à la fois à protéger l'enfant – ce qui permet la réalisation de quelques-uns de ces « possibles » – et à s'en protéger – ce qui, à l'inverse, les restreint et en interdit de nombreux, et aboutit à un renouvellement des cadres du système.

Si nous nous plaçons dans le mouvement continu des générations, dans une perspective historique non limitée à notre simple existence, la fragilité à moyen terme du système devient évidente; nos chances de nous débarrasser du pouvoir et de la répression sont réelles. À la condition de développer une vision politique de l'humanité, pour que les enfants grandissent dans l'amour de la liberté et apprennent à la conquérir, à contourner la répression et à battre en brèche le contrôle social. Le niveau actuel de répression de l'enfance est beaucoup trop élevé pour que des politiques d'émancipation, de respect des autres, enfants et adultes, et de conservation de la nature puissent advenir sans travail politique et éthique. Dans le contexte du XXIe siècle, avec des pouvoirs économiques, étatiques, militaires, mafieux ou autres aussi présents dans notre vie quotidienne, nous ne pouvons qu'espérer maintenir le système à distance afin, malgré tout, de vivre dans une certaine dignité – et transmettre ainsi vers le futur la possibilité de cette vie en tension vers l'utopie.

* * *

La « crise de l'autorité » n'est pas nouvelle. Apparue dans l'immédiat après-guerre, elle conduit à une difficulté, dans les sociétés modernes, à fonder les régimes démocratiques sur des bases positives authentiques. Avec 1968 et la déconstruction radicale des sources d'autorité, cette crise s'est encore accentuée. Le pouvoir s'est trouvé dans la situation, classique au cours de l'Histoire, d'un impossible retour en arrière, qu'il aurait pourtant pu souhaiter, du moins ses dirigeants les plus réactionnaires. Puisqu'il devenait impossible de régénérer l'autorité dans le style de grand-papa vilipendée par les soixante-huitards, qu'à cela ne tienne : l'essentiel était, au bout du compte, la répression des « désirs » d'émancipation – si bien mis en évidence par Mai 68, parfois de façon caricaturale – et leur contrôle. Ou plutôt leur endiguement à l'intérieur des cadres tolérés et acceptés parce que tolérables et acceptables par le système. L'internet est devenu l'un des principaux réceptacles de ces désirs contraints et profilés. Leur virtualité est l'assurance d'écarter tout risque quant à leur potentialité subversive – ces désirs d'émancipation s'intègrent ainsi au pouvoir.

Les démocraties ne sont plus que les régimes les moins pires, ceux qui permettent d'éviter – pour le moment – la dictature, sans que nous prenions la mesure exacte des rapports entre la liberté des individus et l'autorité des gouvernements. Tout se passe comme si ce qu'il y a de plus politique dans les sociétés humaines n'était pas ressenti comme fondamental par les individus, et comme si ceux-ci renonçaient à se penser en « animaux politiques », pour reprendre une formule sans doute désormais trop classique. Le mélange du virtuel et du réel contribue à la dépolitisation du monde.

La mondialisation ne visait pas seulement à l'enrichissement d'une minorité : son « utopie » était d'augmenter le niveau général de la consommation, donc le niveau de satisfaction des désirs des individus – que ces désirs soient ramenés et rabaissés à un strict consumérisme n'était en rien contradictoire avec le capitalisme, bien au contraire, et que cela conduise à une crise écologique est compatible avec la philosophie du système fondée sur le progrès technologique et la capacité humaine à maîtriser la nature.

Le but de l'endiguement intérieur peut se dire ainsi : que les désirs des individus ne nuisent pas au système, n'entravent pas sa marche vers la perpétuation de la domination. Plusieurs voies se sont offertes, l'endiguement des désirs dans les limites de la consommation s'étant révélé jusqu'ici comme la plus efficace. Elle entre cependant à son tour en crise du fait des difficultés économiques et de l'échec de la mondialisation en tant que modèle d'enrichissement pour tous et mode d'inclusion des individus dans une vision de l'humanité limitée à sa seule capacité productive et consommatrice. Le chômage massif et le sous-emploi généralisé sont de véritables contradictions du capitalisme.

Être en contradiction n'implique pas seulement un problème « objectif », mais aussi la capacité des individus conscients à refuser le drame qui se joue ; or, les partis, écologistes notamment, au lieu d'approfondir et de pratiquer une critique de l'asservissement par les machines et les systèmes techniques, ont été incapables de montrer une voie « vertueuse » de refus des diktats technologiques ; ils ont sombré dans l'affairisme le plus vulgaire et la politicaillerie.

Le consumérisme a pu apparaître aux contestataires comme une minable et haïssable survie généralisée, mais, pour les fanatiques de la consommation, il a été durant des décennies l'alpha et l'oméga de l'existence et la marque du progrès. Aujourd'hui, la lutte pour la survie à laquelle sont condamnés des milliards d'humains nous a éloignés pour longtemps de la consommation-consumation ; nous sommes parvenus au stade de la consommation-pour-la-survie, sur une pente vers la tiers-mondisation généralisée de la planète – et ce malgré quelques « niches » de développement, sans cesse vantées par les hérauts du Capital. Le système n'a plus de désirs à endiguer ; ils se compriment tout seuls de par l'incapacité économique dans laquelle le Capital et ses contradictions nous ont précipités. Les désirs sont avortés par la pauvreté qui s'étend, et sont d'autant mieux contenus qu'ils perdent tout rôle subversif en s'intégrant dans le monde virtuel du numérique.

* * *

Une nouvelle période s'ouvre. Nous entrons dans l'ère de la Peur. Peur de perdre encore plus, peur de ne jamais retrouver l'Eldorado de la consommation. L'idée de la décroissance, en ce sens, pourrait être porteuse d'une critique positive, vers l'émancipation, à la condition de ne pas se fonder sur la peur elle aussi, qui est justement l'outil, à nouveau mis en avant, de la perpétuation idéologique de ce système.

Le glissement de la consommation effrénée et de l'endiguement des désirs qui l'accompagnait vers la peur comme stratégie de contrôle et de répression des désirs subversifs s'est produit en quelques décennies à l'échelle mondiale, entre 1980 et 2001, sans guère de friction. Un événement comme le 11 septembre 2001 illustre et entérine ce glissement, qui désormais infuse dans toutes les couches sociales et gangrène autant les puissants que les dominés et les damnés, où qu'ils vivent.

La répression et le contrôle créent et entretiennent la peur, tout en la rendant supportable par les individus – car là encore, il faut contenir et ne pas franchir les limites, ce qui finirait par mettre en péril le système lui-même. Mais l'endiguement dont il s'agit n'a plus rien à voir avec la version précédente : ce ne sont pas seulement des désirs qu'il faut contenir mais aussi et surtout de la violence comme réponse à la peur, violence qu'il s'agit de diriger et d'orienter vers les masses elles-mêmes, pour la détourner des forces de l'ordre et des représentants des États. Les violences urbaines, au cours desquelles les pauvres s'attaquent aux voitures d'autres pauvres, ne sont certes pas des nouveautés. L'époque est à la réorientation vers un binôme contrôle-répression classique, mais cependant tout à fait moderne par l'utilisation massive d'outils techniques, depuis les banales caméras de surveillance disséminées un peu partout jusqu'aux algorithmes de surveillance des individus, au point d'en arriver à ce nouveau gadget qui fleurit dans plusieurs pays du monde, la police prédictive. La culture numérique, de Google à Facebook, a révélé sa réalité : ficher nos désirs et les mettre en cage. Nous sauvons le système qui nous broie à chaque fois que nous alimentons un mur Facebook, utilisons le moteur de recherche Google, Gmail ou Youtube.

À quoi se réduit la pédagogie officielle pour faire accepter les nouvelles règles du monde numérique ? À la peur : les jeunes ayant à coup sûr des difficultés à gérer leur identité numérique et devant s'attendre à de graves problèmes personnels et psychologiques dans leurs relations avec les autres, leurs « professeurs les *effraieront* avec des récits réels de ce qui arrive s'ils ne prennent pas le contrôle de leur confidentialité et de leur sécurité *à un âge précoce* », nous annoncent deux gourous planétaires majeurs du Nouvel Ordre Digital, Eric Schmidt et Jared Cohen. La culture à la mode Google n'est qu'un paravent qu'utilise la National Security Agency, comme l'a montré l'« affaire » Snowden au printemps 2013, et comme l'avait déjà expliqué, de façon plus convaincante, Julian Assange dans son livre d'entretiens, *Cypherpunks*.

L'accès aux dizaines de milliards de pages web n'est, dans cette version-ci de la contre-insurrection, que la carotte qui permet d'engranger toutes les données nécessaires sur les profils psycho-politiques des internautes - soit déjà plus de deux milliards d'humains. Dans un tel contexte, la pédagogie doit être pensée comme une incitation à l'insoumission, une politique des dominés contre toute forme de domination et pour l'émancipation. Vivre, vivre pleinement dans ce monde digital en construction, implique de comprendre le mode de fonctionnement de la répression et de mesurer l'étendue du contrôle social, de le contourner, de maintenir le système à distance et de travailler à sa ruine par tous les moyens nécessaires.

* * *

La marge laisse au monde virtuel le soin de (se) combattre dans le *cloud* ou dans toute autre de ses trouvailles à venir. Alors que la culture du pouvoir - et le pouvoir lui-même - s'envolent vers des cieux virtuels, la marge voit s'ouvrir devant elle de larges espaces, réels, physiques, terrestres. Mais la marge reste divisée; elle n'est pas souvent encline à comprendre l'unidimensionnalité de l'humain dans le monde actuel : même si nous ne pensons pas comme le système, nous ne pensons pas souvent contre lui, car penser contre le système revient en premier lieu à poser en actes une pensée qui, trop souvent, n'est qu'abstraction pure. C'est d'une pratique hors-système dont nous avons besoin, depuis le refus de tous les instruments d'aliénation jusqu'à la tentative d'atteindre notre autosuffisance alimentaire et culturelle.

C'est dire que la marge peut dès aujourd'hui construire un monde différent, à côté du monde totalitaire virtuel et réel - industriel, financier, social-étatiste, scientifique, médiatique, etc. La recherche de notre autonomie, cette lutte sans fin qui est toujours à recommencer, se place au cœur de toute entreprise marginale et subversive.

Bibliographie

Nous n'indiquons ici que quelques ouvrages fondamentaux pour la constitution d'une critique du cybermonde.

En tout premier lieu :

Alexandre Grothendieck, *Allons-nous continuer la recherche scientifique ?*, 1972 (disponible sur le web).

Herbert Marcuse, *L'Homme unidimensionnel. Essai sur l'idéologie de la société industrielle avancée* [1964], Paris, Minuit, 1968.

Simone Weil, *Réflexions sur les causes de la liberté et de l'oppression sociale* [1934], in *Œuvres*, Paris, Gallimard, 1999.

Ensuite :

Lewis Mumford, notamment *The Myth of the Machine*, New York, Harvest/HBJ Books, 1964 ; *La Cité à travers l'histoire* [1961], Marseille, Agone, 2011 ; *Art et Technique. Six conférences inédites*, Paris/Villasavary, La Lenteur/La Roue, 2015.

Norbert Wiener, *The Human Use of Human Beings. Cybernetics and Society*, New York, Da Capo Press, 1950.

Gunther Anders, *L'Obsolescence de l'homme. Sur l'âme à l'époque de la deuxième révolution industrielle* [1956], Paris, Éditions de l'Encyclopédie des Nuisances/Ivrea, 2002.

David Watson, *Against the Megamachine. Essays on Empire and its Enemies*, New York, Autonomedia, 1999.

Erich Fromm, *La Passion de détruire. Anatomie de la destructivité humaine* [1973], Paris, Robert Laffont, 1975.

Raffaele Simone, *Pris dans la Toile. L'esprit aux temps du web*, Paris, Gallimard, 2012.

Gilbert Simondon, *Du mode d'existence des objets techniques*, Paris, Aubier, 1958.
Timothy Leary, *Chaos et Cyberculture*, Paris, Le Lézard, 1998.
Chris Hedges, *L'Empire de l'illusion. La mort de la culture et le triomphe du spectacle*, Montréal (Québec), Lux, 2012.
Jean Giono, *Lettre aux paysans sur la pauvreté et la paix*, Genève, Héros-Limite, 2013.

Bien entendu, il existe d'autres ouvrages critiquant le cybermonde, mais ceux indiqués ici nous semblent nécessaires en vue de l'émergence d'une marge subversive.

Table des matières

Composition : Le Bord de L'eau éditions
Cet ouvrage a été achevé d'imprimer en octobre 2015
par Présence graphique
pour le compte des éditions Le Bord de L'eau

Dépôt légal : novembre 2015

Imprimé en Europe